Roger Bacon

Die Deutsche Bibliothek – CIP-Einheitsaufnahme

Kuper, Michael:
Roger Bacon : Der Mann, der Roger Bacons Lehrer war /
Michael Kuper. - 1. Aufl. - Berlin : Zerling, 1996
  (Reihe Biografie ; Bd. 3)
  ISBN 3-88468-059-5
NE: GT

© **Verlag Clemens Zerling**
Berlin, 1996
ISBN 3-88468-059-5
Alle Rechte vorbehalten

Grafische Gestaltung
Sybille Zerling und Arno Heßling
Rotation-Verlags-Service, Berlin

Druck und Bindung:
Fuldaer Verlagsanstalt

Michael Kuper

Roger Bacon

Der Mann,
der Bruder Williams Lehrer war

Verlag Clemens Zerling

„Ohne Erfahrung
kann der Mensch nichts sicher wissen."

Roger Bacon

Für Hans Schumacher

Inhaltsverzeichnis

Kapitel I	Europa im 13. Jahrhundert	9
Kapitel II	Ein talentierter junger Mann oder „ora et labora"	20
Kapitel III	Leben in Paris	29
Kapitel IV	Der Türmer von Oxford	44
Kapitel V	Ein seltener Glücksfall	51
Kapitel VI	Das Hauptwerk „Opus maius"	62
Kapitel VII	Enttäuschungen und letzte Jahre des „wunderbaren Doktors"	81
Kapitel VIII	Der Meister der Zeichen: Bacon als Semiotiker	92
Kapitel IX	Bacon im Spiegel der Renaissancemagie	97
Kapitel X	Der sprechende Kunstkopf	110
Kapitel XI	Nachruhm und ein rätselhafter Fund	130
Zeittafel		142
Auswahlbibliographie		144
Bilderverzeichnis		150

KAPITEL I

Europa im 13. Jahrhundert

Es war eine unruhige Zeit, in die Roger Bacon, wahrscheinlich im Jahr 1214, hineingeboren wurde. Rückblickend kann man das 13. Jahrhundert als Zeitraum großer Hoffnungen, Enttäuschungen und weitgehend unerfüllt gebliebener Reformträume ansehen. Durch ein sehr aktives Leben, viele schmerzliche Auseinandersetzungen und das Erreichen eines biblisch hohen Alters von fast 80 Jahren war der Grenzgänger und Querdenker Roger Bacon Zeuge der krisengeschüttelten Wirren seiner Zeit. Konfrontationen ist der streitbare Rebell wider die angemaßte Autorität nur selten ausgewichen.

Die mittelalterliche Ständegesellschaft bestand im Kern aus „bellatores" (Kriegern), „oratores" (Betenden) und der Masse der „laboratores" (Arbeitenden). Die Angehörigen des Standes der „oratores" befanden sich in einer schweren Legitimationskrise. Die Papstkirche wälzte eine große Problemlast vor sich her, ohne Lösungen von nennenswerter Dauer herbeizuführen. Korruption, Verweltlichung, Geldgier, Auflösungs- und Zerfallserscheinungen machten ihr schwer zu schaffen. Aufgrund des universellen Heilsanspruchs des Christentums und seiner eigenen Rolle als Stellvertreter Christi auf Erden forderte der Papst die bedingungslose Anerkennung seiner Vorherrschaft über die weltlichen Fürsten. Schier endlose Machtkämpfe und Zerreißproben im Konflikt um die Autorität geistlicher und weltlicher Macht waren die Folge. Die Frage der Erweiterung oder Beschränkung kirchlicher Verfügungsgewalt führte zu heftigen Kontroversen. Die geistliche Gewalt konnte zwar ihren Machtbereich behaupten und sogar ausdehnen, jedoch unter dem hohen Preis, daß despotischer Ungeist den innerkirchlichen Diskurs über die Legitimation der Machtausübung bestimmte. Toleranz, Demut,

Nächstenliebe und andere christliche Grundtugenden existierten vielerorts nur noch als kraftlose Worthülsen.

Die tiefe Glaubwürdigkeitskrise der Kirche erstreckte sich auch noch auf andere Problemfelder. Trotz des Niedergangs der Kreuzzugsidee nach verheerenden militärischen Gewaltunternehmungen herrschte allgemein auch weiterhin eine religiöse Aufbruchsstimmung bei den Laien und einem Teil des Klerus vor. Diese war für die Steuermänner des aus dem Ruder laufenden Kirchenschiffes nur schwer zu kontrollieren oder gar fest in den Griff zu bekommen. Die spirituelle Krise begünstigte eine neue Blüte der Mystik im 13. Jahrhundert, deren Vertreter sich einer Bevormundung in scharfen Gegenangriffen auf die Habgier und die Verweltlichung der Kirchenoberen widersetzten. Da die allgemeine spirituelle Aufbruchsstimmung häufig auch an soziale Unruhen gekoppelt war, brach sie sich in immer neuen Eruptionen in verschiedene Richtungen laufend Bahn. In unterschiedlichen Formen regte sich Widerspruch gegen unmenschliche Teilaspekte der vorherrschenden feudal-klerikalen Ideologie.

Die Papstkirche befand sich in einem beispiellosen Niedergangsprozeß, und die Christenheit wurde vom Widerhall des tausendstimmigen Mönchsgezänks um den richtigen Weg aus der Krise in Permanenz erschüttert. Der Lärm war jedoch nötig, um der späteren Herausbildung des Frühhumanismus innerhalb und außerhalb der Klostermauern Vorschub zu leisten. Es bedurfte keiner großen Kühnheit oder Weitsicht, um die Erneuerungsbedürftigkeit der im Sog des Niedergangs schwankenden Kirche zu konstatieren. Dies in Person auch öffentlich zu machen, dazu gehörte jedoch eine gewisse Unerschrockenheit.

Andererseits kann man gerade das 13. Jahrhundert als Zeit gesteigerter intellektueller Aktivität und Neugier ansehen. Aus heutiger Sicht ergibt sich das facettenreiche Bild einer vielen Zerreißproben ausgesetzten Auf- und Umbruchphase. „Erst im 12. und 13. Jahrhundert entwickelte sich eine solche Zentralgewalt, während sich die soziale Energie und die künstle-

rischen Talente Europas auf einen der größten Entwicklungs-
schübe der Zivilisationsgeschichte vorbereiteten. Ausgehend
vom Handel, fand in den Künsten, der Wissenschaft, der Ar-
chitektur, der Technik, den Banken und im Kreditwesen in
den Städten und Universitäten ein Aufschwung statt, der neue
Horizonte aufzeigte und das alltägliche Leben veränderte.
Diese 200 Jahre waren das Hochmittelalter, das den Kompaß
und das Uhrwerk einführte, das Spinnrad und den mechani-
schen Webstuhl, Wind- und Wassermühlen. Es war die Zeit,
in der Marco Polo nach China reiste und Thomas von Aquin
mit der scholastischen Ordnung der Wissenschaften begann,
in der in Paris, Bologna, Padua und Neapel Universitäten
gegründet wurden, in Oxford und Cambridge, in Salamanca
und Valladolid, in Montpellier und Toulouse, in der Giotto
menschliche Gefühle malte, Roger Bacon sich auf die experimentelle Wissenschaft warf und Dante seinen großen Ent-
wurf menschlichen Schicksals in der Umgangssprache seiner
Zeit schrieb. Es war die Zeit, in der die Religiosität sich sowohl in den Predigten des heiligen Franziskus wie auch in
der Grausamkeit der Inquisition ausdrückte, in der der Kreuzzug gegen die Albigenser im Namen des rechten Glaubens den
Süden Frankreichs in Blut tränkte, während die Kathedralen
Bogen um Bogen gegen den Himmel strebten, Triumphe von
Kreativität, Technologie und Glauben" (*Tuchmann,* 1980: 25).
    Die Entstehung der Städte begünstigte einen Aufschwung
von Handel und Kultur, die wiederum die Herausbildung eines spezifisch „frühbürgerlichen" Selbstbewußtseins einlei-
tete. Religiöse Ideen beherrschten jedoch weiterhin den größten Teil der Auseinandersetzungen innerhalb und außerhalb
der kirchlichen Einzugsbereiche. Das Universitätsleben erfreute sich eines regen Wachstums und vieler neuer Impulse
aus der Beförderung einer diskursfreudigen Gelehrtenkultur.
Die Impulse wurden zum Teil auch aus Kritik an den Ansichten und Methoden der Schulphilosophie gespeist.
    Grenzen laden zum Überschreiten ein. Die Erkenntnis der
Natur förderte die menschliche Selbsterkenntnis und das Ver-

ständnis für die Welt als Schöpfung Gottes. Eco schreibt über
das Ringen um Methodik, die Lesbarkeit der Welt und die
Suche nach einer vernünftigen Grammatik der Ideen im Mittelalter: „Man betreibt Sprachwissenschaft und Semantik, man
fragt sich, was ein gegebenes Wort bedeutet und wie es gebraucht wird. Leitfäden sind die Texte der aristotelischen
Logik, aber noch längst nicht alle sind übersetzt und interpretiert und niemand kann Griechisch außer den Arabern,
die den Europäern sowohl in Philosophie als auch in Naturwissenschaft weit voraus sind. Doch schon seit einem Jahrhundert bastelt die Schule von Chartres, indem sie die mathematischen Texte von Platon wiederentdeckt, an einem Bild
der natürlichen Welt, regiert von Gesetzen der Geometrie,
von meßbaren Prozessen. Es ist noch nicht die experimentelle Methode Roger Bacons, aber es ist eine theoretische Konstruktion, ein Versuch, das Universum auf der Basis natürlicher Vorgänge zu erklären, auch wenn die Natur als göttli-
ches Agens gesehen wird. In Oxford entwickelt Robert Grosseteste eine Metaphysik der Lichtenergie, die ein wenig an
Bergson und an Einstein denken läßt: Man beginnt, optische
Studien zu treiben, mit anderen Worten, man stellt sich das
Problem der Wahrnehmung physischer Gegenstände, man
zieht eine Grenzlinie zwischen halluziniertem und wirklichem
Sehen.

Das ist nicht wenig, denn das Universum des Hochmittel-
alters war ein Universum der Halluzination, die Welt war ein
symbolischer Wald voll mysteriöser Präsenzen, die Dinge erschienen als Emanationen einer Gottheit, die den Menschen
unentwegt Rätsel aufgibt. Nicht daß nun dieses Halluzina-
tionsuniversum zur Zeit von Thomas schon unter den Schlä-
gen des Vernunftuniversums zusammengebrochen wäre; im
Gegenteil, letzteres ist ein Produkt der intellektuellen Eliten
und wird beargwöhnt. Denn, um die volle Wahrheit zu sagen, beargwöhnt wird noch immer die Welt der irdischen
Dinge. Franziskus predigte zu den Vögeln, aber der philosophische Ansatz der Theologie ist neoplatonisch. Und das be-

deutet: Weit, weit in der Ferne ist Gott, in dessen unerreich-
barer Globalität sich die Prinzipien der Dinge bewegen: die
Ideen" (*Eco*, 1985: 287 f).

Das Sektenwesen und der Zulauf, dessen sich Paulizianer,
Tartariner, Bogumilen und Katharer, Albigenser, Waldenser,
Begharden und „die Armen von Lyon" erfreuten, erschien
den kirchlichen Glaubenshütern zutiefst bedrohlich. Dabei
kamen Waldenser und die Bewegung der Armen von Lyon
dem franziskanischen Armutsideal gefährlich nahe. Im Zusammenhang mit den Vernichtungsfeldzügen zu Beginn des
13. Jahrhunderts gegen die als Unruhestifter bekämpften
Katharer und Waldenser war das Ideal der Armut aus religiösen Gründen suspekt geworden. Trotzdem mußten die Kirchenoberen nach langem Zögern und vielen Bedenken den
Gründungen einiger streng reglementierter Bettelorden zu-
stimmen. Der wider den Ansehensverlust und die allgemeine
Tendenz zur Abkehr von der Kirche neu zugelassene Orden
der Franziskaner wurde schnell zu einem Sammelbecken für
unruhige und angriffslustige Schwarmgeister in ganz Europa. Die allgemeine Unzufriedenheit mit der stark verwelt-
lichten Papstkirche sorgte für regen Zulauf. „Vollständige
Armut und Selbstverleugnung waren die ursprünglichen
Grundsätze des Franziskanerordens; er zog demgemäß un-
vermeidlich vor allem diejenigen Geister an, welche den Ver-
suchungen des Lebens durch Beschaulichkeit, träumerische
Spekulation und durch Verzichtleistung auf alles das zu ent-
gehen suchten, was das Leben für den Durchschnittsmen-
schen anziehend macht. In dem Maße, wie der Orden an Reichtum und Macht zunahm, entwickelten sich daher auch von
selbst in seinem Schoße zwei einander widerstreitende Richtungen. Auf der einen Seite pflegte er den Geist des Mystizismus, der, wenn auch anerkannt durch die Lieblings-
bezeichnung ‚Seraphischer Orden', bisweilen die orthodoxen
Fesseln drückend empfand. Auf der anderen Seite konnten
sich diejenigen Männer, welche die Ansicht der Gründer über
die strenge Verpflichtung zur vollständigen Armut weiter

Das vermutlich älteste Portrait des Franziskus, Fresko in der Kapelle des heiligen Gregor in Subiaco

pflegten, in ihrem Gewissen nicht mit der Anhäufung von Schätzen und mit der Prachtentfaltung versöhnen; sie verwarfen daher die spitzfindigen Ausflüchte, durch welche man den Besitz von Reichtum mit der Verzichtleistung auf alles Eigentum in Einklang zu bringen suchte" (*Lea*, 1985: 390).

Die Verherrlichung des heiligen Franziskus nach dessen Tod im Jahre 1226 und die Propagierung von Armut, Gehorsam und Keuschheit als quasi göttlich offenbarte Ordensregel weckte den Argwohn vieler Häupter der Amtskirche, die bereits den laizistischen Armutsbewegungen sehr skeptisch gegenübergestanden hatten. Man sorgte dafür, daß die Franziskaner direkt dem Papst für ihr Tun und Lassen verantwortlich waren. Der teure Personenkult um die Errichtung einer monumentalen Grabeskirche für den bedürfnislosen toten Franziskus führte zu langwierigen Streitigkeiten innerhalb und außerhalb des Ordens. Der Machtkampf unter den Franziskanern wurde vorläufig 1232 durch die Absetzung des intriganten Florentiners Johannes Parenti und die Wahl des Bruders Elias zum Ordensgeneral entschieden.

Am 3. März des Jahres 1202 war im Alter von 72 Jahren Joachim von Floris gestorben, „der Gründer des modernen Mystizismus" (*Lea*, 1985: 398). Der ehemalige Hofmann und Klosterabt von Fiore galt zu Lebzeiten und lange danach als ein inspirierter Prophet, der der Kirche entweder den baldigen Untergang oder den Anbruch eines neuen Zeitalters sozialer und spiritueller Reformen verkündet hatte. Der Visionär in der Kutte des Zisterzienserordens besaß beispiellosen Einfluß auf reformfreudige Mönche, kritische Geister und mystische Schwärmer, und dieser Umstand sollte noch im ganzen 13. Jahrhundert spürbar bleiben. „Aus der joachimitischen Geheimlehre wird politische Ideologie, unter deren Oberfläche sich die spiritualistischen Schwärmer in der Kirche erneut mit ihren mönchisch-mystischen Idealen vernehmen lassen. Der franziskanische Armutsstreit hat nicht nur unheilvoll den Orden selbst in zwei große Richtungen gespalten, sondern bedroht auch die Kirche selbst. Ein Gefährte

des franziskanischen Ordensgenerals Johannes von Parma,
Leonhard, verfaßt zwischen 1240 und 1250 einen Kommentar
zu Jeremias, den er dem Abte von Fiore zuschreibt. Darin wird
die römische Kurie zum Antichristen erklärt, gegen die Feudal-
kleriker zu Felde gezogen, gegen die Verderbnis der christlichen Spiritualität angegangen, gegen eine aristotelisierende
Scholastik und gegen die Wissenschaft der Legisten und
Dekretisten Stellung bezogen. Eben dort wird aber auch die
Erwartung eines Friedenskaisers (dux) und eines Engelpapstes
(papa angelico) ausgesprochen, die Niederlage der Sarazenen und Tataren prophezeit und die große Bekehrung durch
die Bettelorden verkündigt, deren Mönchsgelübde so sehr gepriesen werden" (*Heck,* 1957: 123 f).

Die echten und die Joachim di Fiore lediglich zugeschriebenen und unter seinem Namen kursierenden Schriften mit
ihren apokalyptisch-polemischen Prophezeiungen sorgten für
erhebliche Unruhe bei den Mitgliedern der in ihrer Einstellung zur Spiritualität so verschiedenen Orden. Dominikaner
und Franziskaner standen sich in vielen spirituellen Detail-
fragen geradezu feindlich gegenüber.

Immer neue joachimitische Schriften für das beschauliche
Mönchtum und wider die Machtanmaßung der Papstkirche
tauchten auf, in denen eine umfassende Erneuerung der Religion gefordert wurde. Häufig wurden sie von Hand zu Hand
weitergegeben oder mündlich kolportiert. Als ihre Verfasser
verdächtigte man einige um das mönchische Armuts- und
Reinheitsideal kämpfende, fundamentalistisch eingestellte
Franziskaner. Überdies sagte man ihnen nach, den eigenen
Orden oder gleich die ganze Kirche spalten zu wollen. Vielen
soeben eingesetzten Inquisitoren der Dominikaner erschien
der Orden des heiligen Franziskus ein gefährlicher Hort der
Ketzerei zu sein. Der Vorwurf, daß Franziskaner Ketzer in
den eigenen Reihen dulden und überhaupt Ketzer beschüt-
zen würden, wollte nicht verstummen. Als sich der Konflikt
zwischen Papst und Kaisertum um 1250 in brisanter Weise
zuspitzte, erreichte auch der anonyme Chor der kritischen

Stimmen eine beunruhigende Schärfe, die den Gegnern den
Vorwurf erlaubte, die die Armut Christi preisenden Spiritualen hätten ihren Idealismus bis zum Antiklerikalismus und
bis hin zur offenen Ketzerei getrieben.

Die Hure von Babylon heißt Rom und die römische Kirche
selbst sei der unfruchtbare Feigenbaum, der von Christus
persönlich in der Bibel verflucht wurde. Fast die ganze Kirche ist der Todsünde Habsucht verfallen und arbeitet mit aller Kraft am eigenen Untergang. War das Kaisertum nicht
ein Werkzeug Gottes, um den Hochmut der geld- und macht-
gierigen Frevler auf dem Stuhl Petri zu brechen, fragten die
Vertreter der apokalyptischen Polemik gegen die Verfallser-
scheinungen. Man zog auch Prophezeiungen des großen Magiers Merlin heran, um die Zeichen des Niedergangs als Weg-
marken des Übergangs zu einem radikalen Wechsel zum Besseren oder zur endgültigen Vernichtung zu deuten. Entscheidender Zeitpunkt des Übergangs sollte nach Joachims Einschätzung angeblich das Jahr 1260 sein, von dem er oder seine fe-
derführenden Exegeten sich den Anbruch einer Erneuerun-
gen bringenden Herrschaft des Heiligen Geistes versprachen.

Die christlichen Ideale waren bislang nur selten erfüllt worden, die Führer der Gläubigen hatten sich nur allzu oft als
schwache Versager erwiesen. Längst zum Abklatsch verkom-
men schienen auch manche Ideale der Ordensgründer zu sein.
Empörung und Verbitterung über den gefährlichen Kurs des
Kirchenschiffs auf dem Weg zur Selbstdestabilisierung nahmen bedrohliche Ausmaße an, die den Fortbestand der Papstkirche ernsthaft gefährdeten. Einzig die von Joachim beziehungsweise Pseudo-Joachim vorhergesagte Neugründung der
Bettelorden als Ausdruck einer lebenspraktischen Umsetzung
des christlichen Armutsideals versprach einen kleinen Hoff-
nungsschimmer am Horizont, obgleich kritische Zeitgenossen auch den raschen Niedergang der Ordensideale zu beklagen hatten.

In England unterhielten die Bettelmönche des Franziskus
seit 1224 zahlreiche Klöster und soziale Einrichtungen der

Krankenpflege und Armenfürsorge. In unsicheren politischen
Zeiten erfreuten sich die Mönche eines großen Zulaufs. Auch
in England war das geistliche Klima gespannt. Adam of Marsh,
Freund und Lehrer Roger Bacons und „der bedeutendste Franziskaner in England um 1250, schickte seinem Freunde Robert Grosseteste, dem Bischof von Lincoln, einige Auszüge
aus den Werken Joachims, die ihm aus Italien mitgebracht
worden seien. Er bezeichnet Joachim als einen Menschen,
der mit Recht als ein Mann mit göttlicher Einsicht in die
prophetischen Mysterien angesehen werde, und er bat, Abschrift von den Bruchstücken zu nehmen und diese ihm dann
zurückzusenden. Inzwischen riet er dem Bischofe, das dro-
hende Gericht der Vorsehung zu beachten, das durch die über-
große Schlechtigkeit der Zeit heraufbeschworen würde" (*Lea*,
1985: 400). Da auch Robert Grosseteste ein Freund und Lehrer des Querdenkers wider den blinden Autoritätsglauben,
Roger Bacon, war, kann man mit gutem Grund annehmen,
daß beide Männer Bacons auch später deutlich werdende Sympathien für die Franziskanerspiritualen bereits um 1250 gefördert haben.

In England hatte mit der Thronbesteigung Heinrich II.
Plantagenet das Haus Anjou-Plantagenet seine 250 Jahre
dauernde Herrschaft angetreten. Heinrich stritt mit dem französischen König Ludwig VII. um die englischen Besitzungen
in Frankreich. Nur mit Mühe konnte er die Herrschaft über
allzu selbständige Feudalherren und aufmüpfige Vasallen behaupten. Zielsicher dehnte der auf die Festigung seiner Macht
bedachte König am Ende des 12. Jahrhunderts die Geltungs-
ansprüche der königlichen Gerichtsbarkeit gegen die Interessen der Territorialfürsten aus. Der Aufstand der Barone ließ
nicht lange auf sich warten, und ein zähes Ringen um die
Durchsetzung von Machtgehabe zwischen realer und symbolischer Gewalt setzte ein. Da Heinrich auch noch in Wales,
Irland und Schottland um die Vormacht zu kämpfen hatte,
mußte er sich mit den aufständischen Baronen immer wieder
auf kurzlebige Kompromisse einlassen, die von beiden Sei-

ten regelmäßig gebrochen wurden. Dieses Problem sollte auch seine Nachfolger, Richard Löwenherz, Johann Ohneland, Heinrich III. und Eduard I. beschäftigen. Überhaupt verwikkelte sich die erbliche Monarchie in England wiederholt bei ihrer Durchsetzung in ausartende Kämpfe. Einen Versuch, den die politische Atmosphäre vergiftenden Streit um Rechtshoheit und territorialen Einfluß beizulegen, stellt die von König Johann 1215 erlassene „Magna Charta" dar, „wonach jeder Streit in England und unter Engländern ausgetragen werden sollte" (*Kluxen*, 1985: 73). Zudem überließ man nun den Adeligen die Rechtsprechung über Standesgenossen.

Trotz der Übereinstimmung mit dieser historischen Freiheitsakte hatte sich der sympathielose Despot Johann große Teile des englischen Volkes innerhalb von kurzer Zeit zu Feinden gemacht. Die Gefahr eines neuen Bürgerkrieges warf drohend ihre Schatten voraus. „Seit 1212 intrigierten die Barone mit den Feinden, und kaum ein Engländer erhob seine Stimme für den König" (*Kluxen*, 1985: 71). Gekaufte Söldnertruppen und das französische Heer standen schon bald im Süden Englands, um gegen Johann Ohneland vorzugehen. ⟵ Normannen

Beim niederen Landadel [Sachsen] waren die großen Barone nicht sehr beliebt, weil sie sich in der Vergangenheit immer wieder über alte Weide- und Bodenrechte hinweggesetzt hatten, um ihren Landhunger zu befriedigen. Auf diese Weise wurde manche blutige Fehde vom Grenzzaun gebrochen. In den südlichen Grafschaften Somerset und Dorset hatten sich viele Landadelige der königstreuen Gefolgschaft angeschlossen und das Machtstreben der Barone nicht unterstützt, beziehungsweise per Treueeid auf den Regenten ausdrücklich verdammt. Zu den Getreuen von König Heinrich II. und seinen Nachfolgern aus dem Herrscherhaus Anjou-Plantagenet zählte die in der Nähe von Ilchester im Südwesten angesiedelte Familie des Obstbauern und Viehzüchters William Bacon.

⠯⠮

KAPITEL II

Ein talentierter junger Mann
oder
„ora et labora"

Roger Bacon

Behütet wächst der junge Roger als mittlerer von drei Söhnen auf dem ländlichen Anwesen der Familie heran, die in alten Urkunden unter den Namen Bacchon, Bacon oder Bacun vermerkt ist. Lesen und Schreiben lernt das Kind unter Obhut des Ortsgeistlichen, der ihm auch etwas Latein beibringt. Früh zeichnet sich der Junge durch eine erstaunliche Auffassungsgabe und Merkfähigkeit aus. Der Vater versucht, den zukünftigen Grundherrn für die Belange der Landwirtschaft, für Viehzucht und Obstanbau zu interessieren, doch der Knabe zeigt ganz andere Neigungen. Dem jungen Roger sind die vom Vater offerierten Zukunftsaussichten einfach zu grau, und so stiehlt er sich eines Nachts wie ein Dieb aus dem elterlichen Haus. Sein Weg führt ihn zu einem nicht weit entfernten kleinen Kloster, in das er Aufnahme als Schüler begehrt. Man läßt ihn übernachten, prüft ein paar Tage seine Begabungen und bringt ihn dann nach Hause zurück.

Die Eigenwilligkeit des Ausreißers fordert den Zorn des Vaters William Bacon heraus, der sich jedoch durch die Lobrede des Priors auf Lerneifer und Wißbegier des Jungen besänftigen läßt. Die Mönche verheißen Roger eine große Zukunft als Gelehrter für den Fall, daß man ihm eine gute Ausbildung angedeihen ließe. Nach einiger Bedenkzeit willigt der Vater schließlich ein, und so darf Roger zu seiner großen Freude das Landleben in Somerset mit dem Abwechslung versprechenden Stadtleben an einer Universität tauschen.

Mit gerade erst zwölf Jahren nahm der junge Bacon seine Studien an der berühmten, wenn auch noch in den Schwierigkeiten der Gründungszeit steckenden Universität Oxford auf. Staunend ließ er sich in die labyrinthischen Gefilde der theologischen Lehrmeinungen einführen, auf die man in Oxford besonderen Wert legte. Die Gedanken des Augustinus über Gott und die Welt sollen laut Lehrplan in aller Ausführlichkeit vermittelt werden.

Merton College, Oxford

Zu Rogers Lehrern gehörte sein eigener Onkel Robert Bacon, der ihm Grundwissen in Mathematik und Sprachen vermittelte. Am Johannestag des Jahres 1233 wurde der junge Bacon Zeuge einer gelehrten Unterredung zwischen seinen Oxforder Lehrern und dem König Heinrich III., bei der sich sein Onkel durch eine glänzende Rhetorik hervortat. Der spätere Erzbischof von Canterbury Edmund Rich unterwies Roger in Dialektik, Rhetorik und Logik. Aus ihm sprach ein Widerspruchsgeist, der den jungen Schüler aufmerken ließ. Einige Jahre später mußte Erzbischof Rich vor seinen Widersachern nach Frankreich fliehen, wo er bis zu seinem Tod 1242 mittellos und verbittert dahinvegetierte.

Bei dem Kirchenrechtler und Hofprediger Adam de Marisco, mit dem er noch Jahre später zur Freude seiner Biographen Briefe wechseln sollte, erlebte Bacon eine Initiation in die verbale Streitkultur seiner Zeit. So wurde ihm die Überlegenheit des dialogischen gegenüber dem monologischen Denken nahegebracht. De Marisco öffnete seinem wißbegierigen Schüler auch die Augen für die Verderbtheit der Kirche durch Habgier, Machtmißbrauch und Verweltlichung.

Bacons einflußreichster Lehrer und Förderer war sicher Robert Grosseteste (ca. 1168 – 1253), die schlechthin zentrale Figur in der geistigen Bewegung Englands während der ersten Hälfte des 13. Jahrhunderts. Zu allen anderen Lehrern verhielt sich dieser Mann, nach einer drastischen zeitgenössischen Einschätzung, „wie die Sonne zum Mond, wenn er verfinstert ist" (*Bauer,* 1963: 36). Grosseteste hatte 1209 den Grad eines Magister Artium in Oxford erlangt und danach fünf Jahre Theologie in Paris studiert. Er galt als einer der gelehrtesten Männer seiner Zeit, und deshalb berief man ihn 1215 zum Kanzler der Universität Oxford. Scharf wandte sich Grosseteste gegen Verweltlichungstendenzen innerhalb der Kirche und beeinflußte mit dieser Haltung auch seine Schüler. Als Philologe durchdachte der vielseitig interessierte Kleriker die Besonderheiten der griechischen und hebräischen Sprache und verfaßte philosophische Schriften, beispielsweise über Aristoteles. Dem Griechischen als Gelehrtensprache räumte er einen gehobenen Stellenwert ein, deshalb ließ er sogar einige Griechen als Sprachlehrer nach Oxford kommen. „Sein Weltbild war monistisch orientiert. Die göttliche Schöpfung ließ er auf den Menschen und seine irdischen Belange zielen und bekundete so einen gewissen Anthropozentrismus. In der Erkenntnislehre verquickte er Prinzipien wissenschaftlichen Denkens nach dem Muster des Aristotelischen ‚Organon' mit Augustinus' Illuminationslehre und einer Theorie mystischer Gottvereinigung. Er begriff den menschlichen Geist nicht als etwas rein Passives, sondern als ein geschaffenes geistiges ‚Licht' mit eigener Energie. So wie sein Bewunderer Roger Bacon hatte auch er die im 12. und auch noch im 13. Jahrhundert so einflußreiche neuplatonische These von der Existenz einer das ganze Weltall durchdringenden Weltseele nach anfänglicher Befürwortung schließlich aufgegeben. Hingegen ist Grossetestes Identifizierung der höchsten Geistpotenz des Menschen mit einer nicht-gedanklichen und nicht-sprachlichen Potenz zur Vereinigung mit Gott, die zugleich als Liebe zu verstehen sei, von nachhaltigem Einfluß auf die Entwicklung der Mystik gewesen. Die weltanschauliche Quintessenz von Grossetestes Lichtmetaphysik besteht in der Annahme eines generell aktiven und dynamischen Charakters allen Seins. ‚Sein' bedeutet bei Grosseteste die Ausübung fundamentaler Wirkungen.

In seinem einflußreichen Kommentar zu Aristoteles' ‚Zweiter Analytik' hat Grosseteste die folgende charakteristische Einteilung der Typen von Universalien gegeben: 1. Die urbildhafte ewige Idee in Gott. 2. Die in den höheren Ursachen, d. h. den ‚Intellekten' und ‚Himmelssphären' geschaffene gemeinsame Vernunft. 3. Die in den zu ihr gehörenden Individuen fest verankerte gemeinsame Form, welche durch einen niederen Intellekt wahrgenommen wird. 5. Der Typ der Zeichen oder Erkenntnisakte. Damit wird die Universalienproblematik in differenzierter Weise in die neuplatonische Kosmologie integriert" (*Wöhler*, 1990: 101).

Aspekte der Naturphilosophie, die Werke des Aristoteles und
Fragen der Physik beschäftigten Grosseteste nachhaltig. Gegenüber seinen Schülern legte er großen Wert auf Kenntnisse der Grammatik und Sprachenstudien. In dieser Hinsicht
war sein Einfluß auf Bacon, mit dem ihn später eine lange
Freundschaft verband, für dessen eigene Studienausrichtung
prägend. In Bacons *Opus tertium* läßt sich der Hinweis finden, wonach „Sprachkenntnisse das erste Tor zur Weisheit
sind" (ed. *Brewer,* 1859: 109). In vielen Schriften lobte Bacon
die Meister der Sprachstudien Beda, Grosseteste und andere
als weise Männer.

Wahrscheinlich hat Grosseteste, der Universitätsgelehrte auf
dem Bischofsstuhl, seinen Schüler Bacon, mit dem er ge-
meinsam das Fehlen einer wissenschaftlichen Lernmethode
beklagte, zur Abfassung einer griechischen Grammatik ver-
anlaßt, die die philologischen Regeln einer Hermeneutik, Text-
kritik und Übersetzungskunst zu berücksichtigen hatte.

Beide Männer beschäftigte lange vor der Renaissance die
Frage, ob und wie alle Sprachen auf eine gemeinsame Ur-
sprache zurückzuführen seien, deren Schlüssel es wiederzu-
finden galt. Naturphilosophie auf der Basis von mathema-
tisch und experimentell ausgerichteter Naturerkenntnis war
ihnen gleichermaßen wichtig. „Ohne Mathematik – sagt Bacon – ist es unmöglich, zu einer richtigen Erkenntnis über die
Dinge dieser Welt zu kommen. Denn jedes Naturding wirkt
durch die ihm innewohnenden Kräfte. Diese aber wirken nach
Linien, Winkeln und Figuren" (*Baur,* 1914: 46).

Die Geometrie hatte als Grundlage einer experimentell betriebenen Naturkunde zu dienen, speziell im Rahmen einer
auf Bewegung, Strahlung, Zerstreuung und Strahlensamm-
lung gegründeten Wärmetheorie, wie sie im Ansatz sowohl
von Grosseteste als auch von Bacon aufgestellt wurde. Als
Fazit läßt sich hinsichtlich des Einflusses von Grosseteste
auf Bacon festhalten: „Der hohe Wert, den Robert Grosseteste dem Sprachstudium und den experimentellen Wissenschaften beilegte, die Unterordnung alles Wissens unter die

Theologie und das Studium der hl. Schrift, spiegeln sich in den Werken Bacons getreu wider" (*Höver,* 1911: 207).

Zunehmend interessierte sich Bacon auch für die Spielarten des magischen Denkens. Für ihn war die theoretische Alchimie eine wichtige Grundlage für die Naturphilosophie und die Medizin in theoretischer und praktischer Hinsicht, da sie dabei helfen konnte, das Zusammenspiel der vier Elemente zu begreifen. Naturphilosophie, Alchimie und Medizin sieht er eng miteinander verbunden. Fraglich ist, ob er an die Existenz eines Urstoffes, der universalen „prima materia" geglaubt hat. In dem Bacon zugeschriebenen Traktat *Von der Composition Lapidis Philosophorum* heißt es über die erkenntnistheoretischen Möglichkeiten der praktischen und der spekulativen Alchimie: „Es haben die alten gerechten Philosophi gesagt: Ubi natura definit, ibi Ars incipit [Wo die Natur aufhört, hebt die Kunst an]. Dieser herrliche und treffliche Aphorismus fürwahr ein Wort ist von ihnen nicht in Wind, oder aber ohne alle gefehr, also sehr weißlich und wol zu betrachten, geredt und auffgezeichnet worden, denn wie köndten sie kürzer und eigentlicher, ja auch gewisser und verstendiger die perfecten philosophische Materien, beyde der Particularn und Universam beschrieben und angezeiget haben. Und diesen reichen Spruch der länge und seinem Innhalt nach auszulegen, möchten etliche Bücher Papier darauff zu schreiben zu gering seyn, billich geachtet werden. Denn wenn wir betrachten der Naturen Anfang und ihrer gebehrung allein in den untern Elementen Wasser und Erden, das ist der Vegetabel, Animalen, Mineralen und Metallen, wie sie erstlichen ihren Samen so gar unsichtbar zu der Gebehrung einführen und für Augen stellen, denn also werden aller Creaturen Samen unsichtbar gesäet, und niemand mag den Samen sehen aus welchem die Frucht geboren oder erwachsen ist" (*Scherer,* 1988: 247).

Als hermetische Kunst sollte die Alchimie bei der Veredelung der menschlichen Seele hilfreich sein. In praktischer Hinsicht suchte man überdies nach dem Stoff, der sämtliche

Körper in Gold zu verwandeln vermochte. Die Befürworter einer Beschäftigung mit den Möglichkeiten der Alchimie und verwandter Wissenszweige mochten argumentieren, daß die Erweiterung der Wissensgrenzen und des Naturverständnisses zu einer Erweiterung des religiösen Bewußtseins beziehungsweise des Verstehens der Bibel führen müßte. Falls in der Natur Gottes Schöpfungsplan sichtbar würde, so könnte die fortschreitende Erkenntnis der Natur zugleich eine tiefe Gotteserkenntnis sein. Diese Argumentationsstrategie erschien vielen Zeitgenossen ebenso plausibel wie anfechtbar, konnte man doch darin auch den Wunsch ausgedrückt sehen, sich verbotene Früchte vom Baum der Erkenntnis einzuverleiben. Im Jahre 1325 erließ Papst Johannes XXII. eine gegen die Alchimie gerichtete Bulle. Die mittelalterliche Debatte für und wider die Nützlichkeit der Alchimie geriet „mitten in den Streit um die Frage nach der Legitimität der Erkenntnis und der Neugier, der Frage also, wieviel Wissen dem Menschen zuträglich sei und wie weit die Suche nach Erkenntnis reichen dürfe. Die Kritik der Neugier hielt dieser Hochmut gegen Gott den Schöpfer vor, weil in der Neugier der Mensch, der selber ein Geschöpf ist, den Ort, der ihm als Geschaffenem in der Ordnung der Schöpfung zustehe, überschreite und sich zum Herrn aufwerfe, wo er nur für alle Gaben demütig Dankender sein könne. Die ‚Superbia', der Hochmut, der im Wissen-Wollen zum Ausdruck komme, habe bereits die ersten Menschen aus dem Paradies vertrieben, als die vom Baum der Erkenntnis aßen. Die Behauptung, daß jede Erkenntnis dem Menschen Nutzen bringe und dazu helfe, seine schwankende Gebrechlichkeit sicherer zu machen, sei zum einen Zweifel an Gottes liebender Sorge um den Menschen, zum andern sei es das wahre Ziel, den Menschen auf die wahre Seligkeit vorzubereiten, und seine Gebrechlichkeit und Sterblichkeit erinnere ihn ständig daran. So die Kritiker der Neugier" (*Scherer*, 1988: 12).

Nach der Absolvierung eines umfangreichen Studienpensums in sechs Jahren konnte sich Bacon gegen Ende ei-

ner arbeitsreichen Jugend über die Verleihung des Bakka-
laureus-Grades freuen. Eifrig führte er seine facettenreichen
Studien fort und durfte selbst gelegentlich Unterricht geben.

Bacons selbständigen Experimente und Studien über Optik, Mechanik und Physik verschlangen viel Geld, das er aus
eigener Tasche, beispielsweise für die Herstellung von Brennspiegeln, aufbringen mußte. So wundert es nicht, daß der
junge Roger immer wieder in akute Geldnot geriet. Da seine
Brüder inzwischen zu Wohlstand und bescheidenem Vermögen gekommen waren, halfen sie gelegentlich mit etwas Geld
aus. Während der eine Bruder ebenfalls Gelehrter wurde, war
der andere Bruder mit Geschäften und in Zusammenhang
mit Staatsunternehmungen tätig, bis er später infolge des
Aufstands der Barone sein Vermögen verlor und verarmte.

Auf viele Anregungen zum Betreiben von Denkspielen stieß
Bacon durch Bücher, und eine besondere Faszination übten
die Werke des Aristoteles auf ihn aus. Der große Philosoph
des Altertums galt vielen mittelalterlichen Gelehrten als der
universellste Kopf überhaupt, hatte er sich doch unter Zu-
rückweisung der platonischen Ideenlehre mit allen nur er-
denklichen Zweigen des Wissens beschäftigt. Seine Werke
hatten das abendländische Denken dank der lateinischen
Übersetzung des Philosophen Boe-
thius seit dem sechsten Jahrhundert
beeinflußt, bevor sie vorübergehend
wieder in Vergessenheit gerieten.

Über Impulse aus dem islamischen
Morgenland und Spanien wurde Aristoteles für die Christen „wiederentdeckt" und aufgrund der relati-
ven Geschlossenheit seiner Lehre
auch an den Universitäten verbreitet. Dies forderte den Widerspruch
vieler orthodox denkender Kirchen-

Idealbild des
Aristoteles

lehrer heraus, die sich gegen des Heiden Aristoteles Auffassung von einer Welt ohne Schöpfung und Ende aussprachen.

Naturphilosophische Aspekte des aristotelischen Denkens schienen ihnen mit der christlichen Lehre unvereinbar zu sein; deswegen durfte Aristoteles zwar noch gelesen, aber an vielen Universitäten nicht mehr gelehrt werden. Wie so oft lagen die Dinge bei den wissenschaftsfreundlichen Franziskanern zu Oxford anders, und so konnte Bacon die aristotelischen Werke, einschließlich der wahrscheinlich nicht authentischen Schrift *Secretum secretorum* ausgiebig studieren.

Stetig ist der Schüler aus Somerset um Erweiterung seiner Wissensgrenzen bemüht, und so lernt er neben der griechischen auch noch teilweise die chaldäische, hebräische und aramäische Sprache, nicht zuletzt, um sich näher mit den Grundquellen der gnostischen Philosophie beschäftigen zu können. Medizin, Mathematik und Astrologie runden die Studien ab. „Es wird Bacon zur Maxime, daß alle Wissenschaften in Verbindung miteinander stehen. ,Der Teil außerhalb des Ganzen', sagt er, ,ist wie ein ausgerissenes Auge oder ein abgerissener Fuß'. Keine Wissenschaft erzielt ohne die andere einen Nutzen. Jede einzelne Disziplin ist Teil eines organischen Ganzen, Blüte oder Ast an einem gemeinsamen Baum der Universalwissenschaft. Niemand ist gelehrt, der es nicht ist in ,universali et in summa', im Universellen und in der Gesamtheit" (*Bauer*, 1963: 40).

Die Bedeutung eines jeden Wissenszweiges sollte nach dem Nutzen beurteilt werden, den er praktisch im Hinblick auf das große Ganze beziehungsweise „Stammwissen" hat. Rasch erlangte Bacon mit dieser Einstellung den akademischen Grad „Magister Artium". Als Lehrender fand er Spaß daran, seinen Schülern etwas von der eigenen Begeisterungsfähigkeit für Naturphilosophie, Logik, Mathematik und göttliche Philosophie nahezubringen. Trotzdem wurde ihm das verschlafene Städtchen an der Ochsenfurt langsam zu eng; deshalb gab er schließlich dem Drang in die Ferne nach und richtete sein Augenmerk auf Paris.

ॐ

KAPITEL III

Leben in Paris

Als energischer Mann und sanguinischer Willensmensch pflegte Bacon seine Ziele hartnäckig und mit großer Ausdauer zu verfolgen. Mit der Übersiedlung nach Paris ins Zentrum des mittelalterlichen Geisteslebens zum Zweck einer Vertiefung in Forschung und Lehre hatte er ein wesentliches Ziel seiner Wünsche erreicht.

In der 200 000 Einwohner zählenden Großstadt Paris bezog Bacon ein Zimmer unter Landsleuten in der heutigen „Rue des Anglais". Die Übersiedlung muß lange vor 1244, eventuell schon Jahre vorher, oder bereits um 1235 stattgefunden haben. Voll Stolz bemerkte Bacon, daß er 1245 den in diesem Jahr verstorbenen Universitätslehrer Alexander von Hales mit eigenen Augen zu Gesicht bekam. Dieser berühmte Gelehrte hat sich bei anderer Gelegenheit allerdings unvorteilhaft über Bacon geäußert.

An der Universität herrschte das Klima eines regen geistigen Austausches zwischen Lehrern und Studenten aus vielen Nationen. Wissenshungrig stürzte sich Bacon auf die in der Stadt vorhandenen Buchbestände. Rasch stieß er auf einige weitere Schriften des Aristoteles und anderer antiker Denker von Rang, die ihm vor der Übersiedlung nach Frankreich noch unbekannt gewesen waren. Beständig arbeitete Bacon an der Erweiterung seines Weltbildes und seiner Wissensgrenzen. Mit Staunen gewahrte er die vielen Meinungs- und Richtungsstreitigkeiten unter den Gelehrten und Mönchen. Aufmerksam verfolgte er die kontrovers verlaufenden Diskussionen um die Beschaffenheit von Mensch und Natur. Mit dem Grundsatz des Abaelard „Verstehen, um zu glauben" wußte sich der Neuankömmling schnell anzufreunden. Nach kurzer Zeit übernahm Bacon bereits kleine Lehraufträge.

Die Dreh- und Angelpunkte der universitären Streitkultur
kannte Bacon bereits von Oxford her, doch an der theologischen Fakultät zu Paris stand die Disputierlust unabhängig
von ihren oft bizarren Inhalten und Gegenständen in unge-
ahnter Blüte. Gelegentlich bewegte man sich am Rand der
Haarspalterei über Gott und die Welt, räumte aber auch philosophischen Grundsatzdebatten einen hohen Stellenwert ein.
„Eine bedeutende Rolle spielte die Streitfrage um die Natur
der allgemeinen Begriffe, der Universalien, wie man damals
sagt. Aufgetaucht war sie bereits gegen Ende des elften Jahrhunderts. Die eine Richtung, die der Realisten, sagt, in Anlehnung an die Philosophie Platons, daß vor allen Einzel-
dingen ihre Ideen existiert hätten, also die des Menschen, des
Hauses, des Tisches, des Guten, des Schönen, und daß aus diesen Urbildern das einzelne abgeleitet sei. Die Gattungen seien
das wahrhaft Wirkliche. Für die andere Richtung jedoch, die der
Nominalisten, sind nur die einzelnen Dinge real, und in den
‚Universalien‘ sehen sie nichts als zusammenfassende, summie-
rende Benennungen, die die Menschen den Einzelerscheinun-
gen beilegen. Im Grunde geht es um die Frage, was das Ur-
sprüngliche sei, der Geist oder die Natur" (*Bauer,* 1963: 80).

Blick auf den Innenhof der Sorbonne im 17. Jahrhundert

Der vielseitige Bacon mochte sich nicht direkt in den Universalienstreit einmischen, den die Realisten beherrschten. Ihn interessierte sowohl das Allgemeine wie das Besondere, überwiegend widmete er sich aber mehr den einzelnen Objekten, ohne die es kein Allgemeines geben konnte. Thesenhaft zugespitzt kann man feststellen, Bacons Ansichten hinsichtlich der Universalienfrage zielen darauf ab, „daß alle Dinge ein dreifaches Sein besitzen: 1. das logische Sein; 2. das aktuale oder natürliche Sein; 3. das Sein des Wesens bzw. das metaphysische Sein. Diese dreifache Seinsweise besitzen nach Bacon auch die Universalien. So erkennt man bei Bacon das seit der Spätantike überkommene Grundmuster des neuplatonischen Universalienrealismus wieder. Bacons unmittelbares Vorbild für eine solche Haltung ist wohl in erster Linie in <u>Ibn Sina</u> zu sehen. Er distanzierte sich jedoch entschieden von der Lostrennung des Wesens vom Sein und postulierte die untrennbare Einheit beider" (*Wöhler,* 1990: 106).

[handschriftliche Randnotiz: „Avicenna ⌐ Thomas v. A. anders als Thomas"]

Bacon hörte Vorträge des Wilhelm von Auvergne, des Bischofs von Paris und Kanzlers der Universität, über die Seele. Aus dessen Hand wurde dem Engländer 1245 gegen manchen Widerspruch, so auch den des Alexander von Hales, die Würde eines „Doctor theologiae" und die damit verbundene Lehrerlaubnis verliehen. Wilhelm von Auvergne galt als großer Gelehrter und Dämonologe seiner Zeit. Der Bischof von Paris interessierte sich für die Möglichkeiten des Kristallsehens, das er um 1235 als Mittel erklärt „zur Erleuchtung der Seele durch ein geistiges Licht, das entweder Gott selbst ist oder von ihm vermittelt wird. Alles, was die Seele vom Körper lösen kann, ... (z. B.) Entrückung durch das Anschauen von spiegelnden Flächen, begünstigt den Empfang der Emanation" (zitiert nach *Bender,* 1966: 2).

Der überwiegend um Abgrenzung zur Magie bemühte Bacon unterhielt einen Briefwechsel mit Bischof Wilhelm. In einem Schreiben aus seiner ersten Pariser Zeit berichtete Bacon dem Experten für zeitgenössische Fragen des Aberglaubens, nach seiner Einschätzung wären Zauberbücher wie *De*

officiis spirituum oder *De morte animae* nicht für die Wahrheitsfindung geeignet, da in ihnen viele Falschheiten mit allzu
wenig Wahrheiten vermischt seien, so daß man beide kaum
voneinander trennen könne.

Wird Bacon der Universitätsbetrieb zu anstrengend, zieht
er sich zu eigenen Studien und immer häufiger auch zu Experimenten ungewöhnlicher Art zurück. Die Lust am praktischen Experiment abseits spekulativer Behauptungen ist verstärkt in Bacon erwacht, nachdem er auf ein seltenes Buch
über Feuerwerkerei gestoßen ist. Was der Verfasser Marcus
Graecus in seiner Schrift *Liber ignium ad comburendos hostes*
über explosives Pulver behauptet hat, gedenkt er zu prüfen
und praktisch zu erarbeiten. Nach einigen konkreten Versuchen in ländlicher Abgeschiedenheit findet der Gelegenheits-
zündler Bacon heraus, daß eine im Verhältnis 6 : 1 : 1 pulve-
risierte Mischung aus Salpeter, Schwefel und Holzkohle vom
Haselnußstrauch in ihrer Wirkung schwer berechenbare explosive Effekte erzeugen kann. Den Pariser Freund Peter
Peregrinus von Malincourt weiht Bacon in seine geheimnisvollen Experimente mit Pulver ein, bevor er sich verstärkt
wieder anderen Problemen aus dem Feld der Optik und Mechanik zuwendet. Böse Zungen und argwöhnische Gaffer
behaupten unterdessen, ohne Näheres zu wissen oder gesehen zu haben, daß sich der alchimistisch interessierte Mann
aus England nicht nur für schwarzes Pulver, sondern auch
für Schwarze Magie interessieren würde. Übten sich nicht
auch die Handlanger des Antichristen in allerlei Teufelswerk,
beschworen sie nicht auch Feuer- und Raucherscheinungen
herauf? Bemerkenswert ist, daß der später in Literatur und
Legendenbildung mit Bacons Forschen in Verbindung gebrachte sprechende Kunstkopf aus Bronze mit einem Knall
explodiert und verlischt.[1]

Auf Gerüchte und Gerede gab Bacon zunächst nichts. Er
hatte andere Sorgen: Der Pariser Glanz war schnell verflo-

1 vgl. Kapitel X

gen und hatte bei ihm eine eigenartige Stimmung zwischen Verdrossenheit, gelegentlicher Übersättigung und Unzufriedenheit erzeugt. Die Zeichen der Zeit verkündeten im übrigen nichts Gutes.

Im Sommer des Jahres 1251 wird Bacon in Paris Zeuge eines Ereignisses, das ihn endgültig gegen die Kreuzzüge und die sozialreligiöse Aufbruchsstimmung einnimmt. Er sieht, wie sich Tausende überwiegend zerlumpte Gestalten zum sogenannten „Hirtenkreuzzug des armen Volkes" nach Süden in Bewegung setzen. Sie sind schlecht bewaffnet und verfügen größtenteils lediglich über Messer, Speere, Sensen und Dreschflegel. Aufgehetzte Eiferer, Entwurzelte und mit den sozialen Mißständen Unzufriedene haben sich im Dunst eruptiver Kreuzzugsbegeisterung zu einer bewaffneten Pilgerschaft in südliche Richtung zusammengeschlossen. Ihre näheren Ziele und Absichten sind so verschwommen wie ihre Vorstellungen von räumlichen Distanzen, die es in strapaziösen Gewaltmärschen zu überwinden gilt.

Bacon, ein Gegner des Kreuzzugsunwesens unterstützt deshalb Wilhelm von Tripolis, der sich gegen gewaltsame Bekehrungen und gegen „christliche" Eroberungszüge ausgesprochen hatte. Politisch befürworten beide stattdessen eine Missionierung durch den Einsatz friedlicher Mittel. „Hier setzt Bacons Kreuzzugskritik an. *Alle* Kreuzzüge schaden sowohl der Kirche und Christenheit, als auch den ‚Heiden', die niemals durch die kriegerische Roheit der Ungebildeten, die nur zufällige und vergängliche Erfolge einbringen kann, belehrt werden können. Alle Kriege hemmen die Mission, sie verhärten die Angegriffenen und machen eine Verkündigung des Evangeliums unmöglich", so umreißt Friedrich Heer (1969: 146) Bacons Position in dieser die Geister des Abendlandes scheidenden Angelegenheit.

Bacon hatte schon die Plünderung Konstantinopels während des vierten Kreuzzuges als barbarisch kritisiert. Wie der katalanische Mystiker Ramon Lull fordert auch Bacon die Einführung einer inhaltlich gewaltfreien „Missionswissen-

1235-1316

schaft" auf der Grundlage von sprachlichen Studien. Missionierungsversuche scheinen nur dann Aussicht auf Erfolg zu versprechen, wenn sie in der jeweiligen Landessprache erfolgen. Im Jahr 1260 schreibt er voll Bitterkeit in seinem an Papst Clemens gerichteten Hauptwerk: „Die Griechen verharren in ihrem Irrtum, da ihnen die Wahrheit nicht in ihrer eigenen Sprache gepredigt wird. Nicht anders verhält es sich mit den Sarazenen... Es ist nicht sinnvoll, Krieg gegen sie zu führen, die Überlebenden werden zusammen mit ihren Kindern mehr und mehr gegen den christlichen Glauben erbittert" (*Opus maius*, zitiert nach *Riley-Smith*, 1992: 80).

Die durch gezielte Propaganda wellenförmig aufbrandende Kreuzzugsbegeisterung empfand Bacon als Mann der Verständigung als ein Greuel. Harsch empörte er sich auch über die Bluttaten und Gemetzel innerhalb der christlichen Ritterschaft, die diesen Namen kaum verdiente. Die beispiellose kirchliche Aufrüstung und Militarisierung durch die Aushebung der Mönchsritter des Tempelordens war Bacon ein Dorn im Auge. Die kritiklose Schwertnahme für den „heiligen Krieg" hatte sogar zu einem Machtkampf zwischen dem Orden der Templer und der Johanniter geführt, in dem ein christlicher Ritter den anderen erschlug. Doch damit noch nicht genug: In den seit 1208 in Südfrankreich tobenden Albigenserkreuzzügen kämpften 20 Jahre lang Kreuzritter gegen Kreuzritter, die zuvor häufig sogar zusammen im heiligen Land gefochten hatten. Frauen und Kinder wurden niedergemacht, und die einst als reichste und schönste europäische Kulturlandschaft geltende Provence verwandelte sich in einen großen Friedhof. Über den Kreuzzug gegen die Katharer schrieb Roger Wendover 1226 im Kloster St. Albans lakonisch: „Ein ungerechter Krieg, in dem eher die Habgier als die Ausrottung der verstockten Häretiker Antrieb war" (zitiert nach *Riley-Smith*, 1992: 80). Erbarmungslos verwüsteten sie das Reich der Troubadoure und des freien Geistes. Daß der geistige Urheber des großen Gemetzels gegen die Wiederbeleber urchristlicher Ideale als Papst den Namen „Innozenz III." (der

Unschuldige) angenommen hatte, kann nur als traurige Ironie der Geschichte betrachtet werden.

Vehement kritisierte der generell gegen eine Verquickung von Politik und Missionierungsversuchen eingestellte Bacon das brutale Vorgehen der Männer vom Deutschen Ritterorden im Osten Europas. Der permanente Ostkreuzzug war eine Hauptquelle für die große Verunsicherung der Christenheit. Diese von Bremer und Lübecker Kaufleuten gegründete Vereinigung verübte ihre schamlosen Raub- und Beutezüge unter dem Deckmäntelchen vermeintlicher Frömmigkeit. „Es geht ihnen nicht darum, den Glauben auszubreiten, sie wollen an der Weichsel und an der Nogat Zölle erheben. Alles Erreichbare reißen sie an sich, und sie fragen nicht danach, ob es Christen oder Heiden gehört" (zitiert nach *Bauer*, 1963: 105). Scharf geißelte der Philosoph das wenig gottgefällige Treiben der deutschen Ritterhorden und die Hemmungslosigkeit ihrer unmenschlichen Sklavenhaltermentalität. Die Bekehrung mit dem Schwert schien ihm grundsätzlich nur Verbrechen, nicht aber den christlichen Glauben zu fördern.

Der unaufhaltsame Niedergang der Kreuzzugsidee hatte sich bereits zu Beginn des 13. Jahrhunderts deutlich abgezeichnet. Bis auf den ersten Kreuzzug im Jahre 1096 waren alle weiteren aufwendigen Unternehmungen gescheitert. Am Anfang bis zur Mitte des 13. Jahrhunderts kam es zu einer schwer kontrollierbaren Verselbständigung der Kreuzzugsidee von unten durch selbsternannte Propheten und Erweckungsprediger, gepaart mit plötzlichen Ausbrüchen von Kreuzzugswut. Diese konnte sich in spontanen Massenaufbrüchen und gelegentlichen Judenpogromen äußern, wie es sich auch während des „Hirtenkreuzzuges" im Jahre 1251 ereignete. Diese Volkskreuzzüge kann man als Ausdruck des krisenhaften Niedergangs der Kreuzzugsidee durch Überstrapazierung der Aufbruchsstimmung in Permanenz betrachten. Den schaurigen Höhepunkt der Niedergangsphase bildete der Kinderkreuzzug des Jahres 1212, als Tausende von Kindern, Halbwüchsigen und entwurzelten Erwachsenen mit zweifelhaften Absichten von Köln aus zu einem Marsch über die Alpen aufbrachen. In Erwartung einer Wiederholung des biblischen Wunders erreichte man nach verlustreichem Pilgermarsch die Stadt Genua, doch die erhoffte Teilung des Meeres blieb aus. Nur wenige Teilnehmer entschlossen sich zu einem langen Rückweg zum Rhein. Die päpstliche Kreuzzugspropaganda versuchte mittels einer eigenwilligen Legendenbildung das Phänomen Kinderkreuzzug für sich und die Weiterpropagierung der eigenen militärischen Kriegsziele nutzbar zu machen.

Auch in den englischen Bürgerkriegen der Jahre 1215–1217 und 1264–1265 stellten sowohl das Königshaus als auch die um den Erhalt ihrer Vorrechte kämpfenden Barone ihre Positionen und Ziele als Kreuzzüge dar. Das Etikett „Kreuzzug" mußte als Beweggrund für viele Beute- und Eroberungszüge herhalten, so auch für das Gemetzel an den norddeutschen Stedinger Bauern im Jahre 1234.

Für die Mönche des Franziskanerordens sind die Kreuzzüge generell eine brisante, mit der Ordensgründung verbundene Angelegenheit. Schließlich hatte der Ordensgründer

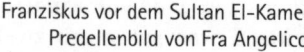

Franziskus vor dem Sultan El-Kamel
Predellenbild von Fra Angelico

Franz von Assisi selbst an dem fünften Kreuzzug ins Heilige
Land teilgenommen, freilich ohne an die Macht der Waffen
zu glauben. Im Jahre 1219 verließ Bruder Franz das Lager
des Kardinals Pelagius vor der umkämpften Stadt Damiette
und drang unbewaffnet und „allein gerüstet mit dem Schild
des Glaubens" bis zum Sultan el Kamil vor, um ihm den
Segensreichtum des Evangeliums nahezubringen. Der Sultan
krümmte dem charismatischen jungen Mann kein Haar, ließ
ihn ausreden und schickte ihn dann mit einigen Geschenken
versehen zu den Christen zurück, bevor die Kampfhandlun-
gen unvermindert hart fortgesetzt wurden.

Im Juli des Jahres 1099 sahen sich die Beteiligten des ersten Kreuzzuges während ihrer Belagerung von Jerusalem
mit einer unangenehmen Überraschung konfrontiert. Die Be-
lagerten ließen „griechisches Feuer", eine Art antiker Napalm,
auf die Kreuzritter herabregnen, ohne daß die Europäer in
diesem Moment oder später etwas dagegenzusetzen hatten.
„Diese Wunderwaffe bestand aus einer Mischung von Erdöl,
Schwefel, Harz, Salz und gebranntem Kalk, die in Verbindung
mit Wasser ein brennendes und explosives Gemisch bildete und
nur mit Essig gelöscht werden konnte" (*Lehmann,* 1976: 147).

Die Kreuzfahrer sollten noch öfter Gelegenheit haben, die
verheerende Bekanntschaft des griechischen Feuers zu machen. Zu Bacons Lebzeiten geschah dies im November 1249.
Das Heer des glücklosen Kreuzfahrers Ludwig des Heiligen
sah sich plötzlich einem von Katapulten abgeschossenen
Hagel von Pulvergeschossen ausgesetzt. Der Chronist Joinville
berichtet über die bei Nacht mit großem Überraschungseffekt
einsetzbare Waffe: „Die Art des griechischen Feuers war so,
... daß es vorn wie eine Tonne für Traubensaft daherkam,
und der Schweif von Feuer, der davon ausging, war wie ein
breites Schwert... Wenn es daherkam, machte es einen solchen Lärm, als sei es ein Blitzstrahl vom Himmel; es schien,
als wäre es ein Drache, der durch die Luft flog. Es verbreitete
eine solche Helle, daß es im Heer so hell war wie am Tag..."
(zitiert nach *Lehmann,* 1976: 361).

Schriftprobe aus einem Werk Roger Bacons. Die
unterstrichenen Wörter sind verschlüsselt.

Als Bacon etwa zehn Jahre später als „Doctor mirabilis" und
als einer der gelehrtesten Männer seiner Zeit galt, weigerte
sich der Kreuzzugsgegner aller Wahrscheinlichkeit nach, die
Formel für das von ihm entdeckte explosive Pulver an die
Befürworter der Fortsetzung des Eroberungskampfes heraus-
zugeben oder für die Kriegsführung nutzbar zu machen. In
chiffrierter Form legte er sie in einer Studie über Alchimie,
Naturphilosophie und Experimentalwissenschaft nieder. Vielleicht hat der vorsichtige Bacon die Begriffsstutzigkeit und
die Vorliebe der Inquisition für Scheiterhaufen gefürchtet.
Die mehr oder minder harmlose Variante findet sich später
unter Anführung der Zutaten – viel Salpeter, wenig Schwefel, etwas Holzkohle vom Haselnußstrauch – im *Opus tertium*
(ed. *Little* 1912: 51), einer Nachschrift zu Bacons Hauptwerk
Opus maius erwähnt: „Mit dieser Mischung kann man einen
hellen Blitz und viel donnerndes Getöse erzeugen, sobald man
den Kunstgriff kennt."

Man glaubt, die Erfindung für ein Geschütz vorweggenom-
men zu sehen, wenn Bacon beiläufig noch erwähnt, daß sich
der Knall noch potenzieren ließe, wenn man ein Rohr „aus
solidem Material" verwenden würde. Auch mit Hilfe eines
riesigen Brennspiegels ließe sich militärisch viel Unheil an-
richten und alles schnell Brennbare leicht entzünden (ed. *Little*
1912: 51). Als religiöser Mensch seiner Zeit glaubte auch Bacon daran, daß die Christenheit selbst mit ungewöhnlichen
Mitteln gegen jedwede Schlichen des kommenden Antichristen gerüstet sein müsse.

In Paris sieht sich Bacon vorübergehend einer tiefen Le-
bens- und Sinnkrise ausgesetzt. Plötzlich krank geworden,
bleibt er einige Zeit ans Bettlager gefesselt. Wieder zu Kräften gekommen findet er viele Universitätsdiskurse überflüs-
sig und hadert mit bohrenden Zweifeln an der generellen
Nützlichkeit von Wissensanhäufung. In der lärmerfüllten
Großstadt wächst sein Unmut über den Stand der von Irrun-
gen und Wirrungen geplagten Wissenschaft seiner Zeit. Al-
lerorten sieht der vorübergehend zum Skeptiker gewordene

Mann nur schlecht bemäntelte Unzulänglichkeiten, Schwächen und Eitelkeiten am Werk. Seine Einschätzung der Möglichkeiten menschlichen Wissens ist plötzlich von ungeschminktem Kulturpessimismus durchdrungen: „Die Menschheit der Zukunft ... wird viel wissen, was heute noch unbekannt ist, und Zeiten werden kommen, die verwundert über unsere Unzulänglichkeiten sein werden. Wer aber erkannt hat, wie in der Vergangenheit auch bedeutende und gelehrte Menschen Irrtümern unterlagen und Trugschlüssen zum Opfer fielen, wie soll er glauben können, daß sich Irrtümer und Trugschlüsse nicht wiederholen können und daß sie in der Gegenwart unmöglich geworden sind! Und wenn der Mensch nicht nur siebzig oder achtzig Jahre lebte, sondern wenn ihm viele Jahrhunderte Lebensdauer beschieden wären: er würde dennoch nicht, und wäre er der Klügste und Weiseste von allen, Gewißheit auch nur über alle Eigentümlichkeiten erlangen können, die einer Mücke eigen sind" (zitiert nach *Bauer,* 1963: 99).

Nichts ist Bacon so verhaßt wie der gewöhnlich blinde Autoritätsglaube, gegen den er wütend zu Felde zieht. Vom Allgemeinen kommt er dabei schnell zum Besonderen: „Auf keinen Fall... kommt Autorität solchen zeitgenössischen Lehrern wie Alexander von Hales und Albert Magnus zu. Es ist schädlich und unnütz, daß sie Anspruch auf Glauben erheben. Sie berufen sich auf ihre Geltung, anstatt Beweise für ihre Behauptungen vorzubringen" (s. o.).

Überall sieht Bacon geschwätzige Schönredner am Werk, die unablässig Irrtümer verbreiten. Wertloser Autorität, die menschliche Schwächen begünstigt, schuldet kein gelehrter Mann Respekt. Alle Autoritätsvernarrtheit mit ihren wechselnden Moden ist ihm zuwider. Wie üblich nennt Bacon Mißstände und ihre vermeintlichen Urheber beim Namen. Leichtfertig macht er sich mit grimmigen Urteilen über andere Gelehrte die so Gescholtenen zu Feinden. Hart und bitter fällt Bacons Urteil über den Theologen Alexander von Hales aus: „In Mathematik, Alchimie, Philosophie, Perspek-

tive... ist Alexander nicht bewandert. Es gehen ihm auch alle
Kenntnis in Physik und Metaphysik ab. Als er noch in Artes
dozierte, waren die Schriften des Aristoteles nicht übersetzt.
Als er in der Welt herumreiste und Theologie vortrug, bestand das Bücherverbot. Als es schließlich eingeschränkt
wurde, zur Zeit, da er in den Orden eintrat, war er schon ein
Greis, der nicht mehr bereit war, Neues in sich aufzunehmen.
So konnte es nicht anders kommen, als daß seine Philosophie dumm und albern blieb" (zitiert nach *Bauer,* 1963: 100).

Zur Erklärung von Naturphänomenen muß man auf Beobachtung und Erfahrung bauen. Es reicht nicht, nur bloße
Argumente als Erklärungsmuster heranzu-
ziehen. Argumente und Spekulationen allein sind wertlos. Man sollte immer erst be-
obachten und dann die Fakten diskutieren.
Im *Opus tertium*, der subsumierenden
Nachschrift zum Hauptwerk, erklärt Bacon
über die erstrebenswerte Idealität seiner
Experimentalwissenschaft: Sie „richtet sich
nach perfekten Experimenten und nicht
bloß nach Argumenten einer spekulativen
Wissenschaft. Zudem arbeitet sie nicht nach
schwachen und unausgegorenen Experimenten, wie dies eine spekulative Wissenschaft so gerne tut. Deshalb ist sie die Königin aller Wissenschaften und das Ende
aller Spekulation" (übersetzt nach *Pattison-
Muir,* 1914: 302). Recht forsch klingt dieses mittelalterliche und doch so modern
anmutende methodologische Plädoyer für
die Empirie in einer Zeit sehr begrenzter
Investigationsmöglichkeiten.

Astronom und Mathematiker
bei seinen Berechnungen.
Nach einem Kupferstich aus dem 16. Jahrhundert.

Stets auf der Suche nach Wissenserweiterung und Selbstver-
wirklichung reift in Bacon der Entschluß heran, Paris wieder
zu verlassen und nach Oxford zurückzukehren. Ohne lange
zu zögern verabschiedet er sich 1252 von Freund und Feind
in Paris, reist an die Küste und schifft sich nach England ein.

KAPITEL IV

Der Türmer von Oxford

Mit dem Doktorhut des Theologen auf dem Kopf und von gehobenem Selbstbewußtsein getragen fand sich Bacon wieder in Oxford ein. Dort hatte sich dem Anschein nach manches zum Schlechten verändert. Das Bildungsniveau an der Universität schien Bacon abgesunken zu sein, viele seiner alten Lehrer waren mittlerweile tot oder durch Krankheit geschwächt, wie etwa sein Mentor und väterlicher Freund Robert Grosseteste. Aus Unzufriedenheit mit den Ausbildungsverhältnissen und im Streit um religionspolitische Querelen hatte Bacons Lehrer Adam of Marsh inzwischen die Universitätsstadt verlassen.

Nach kurzer Zeit des Abwägens um die Gestaltungsmöglichkeiten seiner persönlichen Zukunft trat Bacon als Mönch in den Franziskanerorden ein. Seine genauen Beweggründe sind nicht bekannt, aber als Lehrer gilt er für die fromme Studiengemeinschaft der Universität Oxford auf vielen Gebieten als eine geschätzte Kraft. Zudem sind die vergeistigten Franziskaner gebildeter und wissenschaftsfreundlicher als beispielsweise die Mönche vom Bettelorden der Dominikaner, die mit den Aufgaben der Inquisition betrauten „Wachhunde des Herrn" (canes domini).

Nach einigem Gezerre mit dem Magistrat der Stadt bezog Bacon ein seltsames Quartier. In dem geräumigen alten Wachturm aus dem Jahr 1085 „Nova porta et turris supra pontem australem" richtete er im Untergeschoß eine Art Laboratorium und im Obergeschoß eine kleine Sternwarte ein. Das alte Gemäuer hatte aufgrund der Ausdehnung der Stadt Oxford seine ursprünglich militärische Funktion längst verloren. Für seine kleinen Experimente mit Pulver erschien Bacon ein alter Wachturm der geeignete Ort zu sein.

In der wuchtigen festungs-
gleichen Klosterzelle mit
dem doppelten Stockwerk
empfing Bacon gelegent-
lich auch Besuch von Leu-
ten, die seinen Rat oder
seine Gelehrsamkeit such-
ten. Unterstützung bei der
Arbeit fand der Türmer
von Oxford durch die nie
müde werdenden Hände
des hilfreichen Franziska-
nerbruders Thomas Bun-
gey, aus dem die Legen-
denbildung, wie noch zu
zeigen sein wird, später
einen Rivalen Bacons ma-
chen sollte. Bungey teilte

Bacons Turm in Oxford

mit Bacon auch das Interesse an Mathematik und Chemie.

In Oxford beschäftigte sich Bacon weiter mit seinen physikalischen Experimenten. Besonders scheint ihn die Optik zu
faszinieren, und so entwirft er Linsen und Brennspiegel. Ausführlich erstellt der neugierige Mann astronomische Tabellen, und auf das Dach des Oxforder Turmes hat Bacon ein
Fernrohr gesetzt. Da die Experimente erhebliche Summen
verschlingen, ist Bacon gezwungen, immer wieder Geld auf-
zutreiben und sich hoch zu verschulden.

Auch die zukünftigen Möglichkeiten für mechanische Ent-
deckungen beschäftigen den unruhigen Geist des Türmers
von Oxford. Denkspiele über die Gestaltung der Welt von
morgen üben eine nachhaltige Faszination auf ihn aus. „Eine
Flugmaschine habe ich noch nie gesehen", meint er und fährt
ironisch fort, „... mir ist auch niemand bekannt, der eine gesehen haben könnte. Ich kenne aber einen weisen Mann, der
die Sache im Prinzip schon einmal überdacht hat" (übersetzt
nach *Little,* 1914: 8).

Hafenbrücke in Oxford mit Bacons Turm

Regelmäßig unterrichtet Bacon Schüler in Mathematik, Philosophie und Sprachen. Es freut ihn, daß er den Lerneifer und die natürliche Neugier der Schüler noch zu beflügeln weiß. Die Studenten nennen ihren beliebten Lehrer auch ehrfurchtsvoll „Meister der Experimente" (Dominus experimentatorum) oder Doctor mirabilis („Der wunderbare Doktor").

„Ist Bacon der Erfinder der Brille? Er placiert das vergrößernde Medium, größere oder kleinere Segmente von Glaskugeln, noch nicht nahe dem Auge, sondern nur nahe dem Objekt. Es liegt ihm nur daran, Buchstaben zu vergrößern, und nicht auch daran, sie klarer erscheinen zu lassen. Er kommt noch nicht zu der Erkenntnis, daß sich die Kugelsegmente flacher schleifen lassen und daß sie auch durch Anhebung und Annäherung an das Auge wirksam werden. Aber er hat mit seinen Lesesteinen die kommende Entwicklung eingeleitet. Die ersten Brillengläser stammten später aus dem durch seine Glasfabrikation weithin bekannten Murano, einer Insel, die Venedig vorgelagert ist. Vielleicht wäre es ohne Bacons Vorarbeiten nicht dazu gekommen, daß bereits in der Mitte des vierzehnten Jahrhunderts Altersbrillen allgemein in Gebrauch kamen" (*Bauer*, 1963: 133).

Nach dem Tod des Robert Grosseteste erbt Bacon dessen Bücher und Aufzeichnungen, die er in hohen Ehren hält. Eifrig vertieft er sich in die Texte des väterlichen Freundes und benutzt sie als Ansporn für die weitere Vervollkommnung seiner Studien. Als Bereicherung gilt ihm zu diesem Zeitpunkt auch die Bekanntschaft mit den Schriften über Logik aus der Feder des gelehrten Schatzmeisters von Lincoln, William of Shireswood.

Optik oder „perspectiva", also der Problemkreis um die Vervielfältigung und Brechung des Lichts unter Einbeziehung mathematischer Schlußfolgerungen, interessiert Bacon sehr. Eifrig hat er Ptolemäus, Euklid und Alhazen studiert, um sich eigenen, mehr oder minder aufwendigen Versuchen, Brennkugeln und Strahlenbrechung betreffend, zuzuwenden. Mit Nachdruck betont er die Bedeutung von Beobachtung und Erfahrung bei Versuchsanordnungen. „Bei Roger Bacon konzentriert sich der Begriff des Naturwirkens genau wie bei Robert Grosseteste in dem Begriff der multiplicatio specierum, die sich nach den Gesetzen der Perspektive vollzieht", schreibt Baur (1914: 48). Spezieslehre und die Abläufe des Sehvorgangs sind eng miteinander verknüpft.

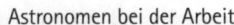

Astronomen bei der Arbeit

vhy und maog η

X Materie und Form korrespondieren miteinander. Unter der
Bezeichnung „Spezies" versteht Bacon die Emanation einer
Kraft, von der er glaubt, daß sie von jedem Körper in alle
Richtungen ausgestrahlt wird. Körper sind Zentren von Kraft
oder aktiven Potentialen, die in jede mögliche Richtung Strah-
len als Spezies ihrer selbst aussenden. Das durch den Raum
eilende Licht ist eine Spezies, ein formgleicher Auszug des Son-
nenlichtes. Licht und Farben können Spezies generieren lassen.
Die Halluzination wiederum ist eine Spezies des Traumes, In-
tentionen sind eine Spezies von vielschichtigen Gedankengän-
gen, denen es nachzuspüren gilt. Bacon sieht in der Spezies den
ersten Effekt einer Wirkungen verursachenden Kraft.

„Unter Spezies versteht demnach Bacon das von einer wirkenden Ursache Ausgewirkte, und zwar zunächst dasjenige,
was von der wirkenden Ursache kraft ihrer eigenen Natur aus-
gewirkt wird und somit eine Ähnlichkeit mit ihr hat. Es ist also
nicht mehr lediglich die Bedeutung, die Species sensibilis in der
Scholastik sonst hat, obwohl diese der Ausgangspunkt ist, sondern überhaupt jede Wirkung" (*Vogl*, 1914: 208).

Der erste vom Verursacher ausgehende Effekt ähnelt dem
Verursacher selbst. Der Sender versetzt den Empfänger in
eine Ähnlichkeitsbeziehung zur Wirkungen verursachenden
Ausgangskraft. So verwandelt Feuer alles, was es berührt,
gleichfalls in Feuer. Hitze erhitzt und Licht bringt Licht her-
vor, und so weiter. Später eintretende Effekte weisen nicht
den gleichen Ähnlichkeitsgrad zum Verursacher auf, wie dies
bei frühen Zwischenstationen der Übertragung der Fall ist.
An sich aber ist die Spezies von Licht ebenfalls Licht, die Spezies der Wärme wieder Wärme und die Spezies der Farbe auch
wieder Farbe. Nach Bacons dynamischer Naturerklärung und
Erkenntnislehre können diese drei Kategorien eine weitaus stär-
kere Spezies bewirken als alle anderen bekannten Dinge.

Roger Bacon selbst schreibt über die Ver- und Entkörpe-
rungsmöglichkeiten von Spezies im Dienst der Erkenntnis-
theorie. In seiner Philosophie auf der Basis natürlicher Ursachen im Rahmen eines optischen Modells vorstellenden Schrift

De multiplicatione specierum bemerkt er über die materielle Natur der Spezies: „Wenn die Spezies kein eigener Körper ist, ist sie dann vielleicht geistiger Natur, wie manche glauben? Sie ist materiell, denn sie entsteht aus einem Körper, befindet sich in einem körperlichen und materiellen Medium und hat auch materielle Wirkungen, wie Wärme, Fäulnis u.s.w. Sie ist von derselben Wesenheit wie der komplette Effekt, in den sie schließlich übergeht. Der komplette Effekt aber ist materiell und folglich auch der inkomplette, die Spezies" (zitiert nach *Vogl*, 1914: 219).

Bacon beschäftigt sich auch mit den Farben des Regenbogens, der in der christlichen Kunst des Mittelalters eine große Rolle als Symbol der Verheißung für das Kommen des Reiches Gottes spielt. Er unternimmt Versuche mit Alaun und Vitriol, arbeitet mit verschiedenen Brennspiegeln und stellt Berechnungen über Umfang und Entfernung der Himmelskörper an. Die Erde hält Bacon für eine ruhende Kugel, deren Umfang er ziemlich genau zu errechnen weiß.

Zwar ist Bacons Zuspruch bei Ratsuchenden in den verschiedensten Angelegenheiten sehr gefragt, doch wuchs inzwischen auch die Zahl der Feinde und Neider, die außergewöhnliche Köpfe nun einmal auf sich ziehen. Bacon bezeichnet die in Mißgunst schwelgenden Zeitgenossen abfällig als stumpfe Narren, auch wenn sie gar nicht mit sich spaßen lassen und beispielsweise behaupten, Bacon hätte deshalb den Turm bezogen, um sich als ruhmsüchtiger Mensch getreu des vorherrschenden Wertvertikalismus[2] auf der Leiter des Erfolgs selbst zu erhöhen. Anderen Zeitgenossen war

---

2 „Der Dualismus der mittelalterlichen Vorstellungen, der die Welt in polare Paare von Gegensätzen teilte, gruppierte diese einander gegenüberstehenden Kategorien in vertikale Achse: Das Himmlische steht dem Irdischen gegenüber, Gott dem Teufel, dem Herrn der Hölle, und der Begriff der Höhe mit den Begriffen des Edelmuts, der Reinheit und der Güte; die Begriffe der Tiefe tragen den Stempel des Unedlen, der Grobheit, Unreinheit und des Bösen. Der Kontrast von Materie und Geist, von Körper und Seele beinhaltet auch die Antithese des Unten und Oben", schreibt Aaron Gurjewitsch in seinem Werk *Das Weltbild des mittelalterlichen Menschen* (München 1980, S. 72).

Bacons Streben ebenso unheimlich wie die gelegentlichen Knallgeräusche, die manchmal während der Pulverexperimente aus dem Turm drangen. So wurden Gerüchte, Verunglimpfungen und Schauergeschichten über das zauberhaft anmutende Treiben im Turm durch gezielte Flüsterpropaganda in Umlauf gesetzt, was Bacon selbst jedoch zunächst nicht besonders stark zu kümmern schien.

Bizarre Gerüchte behaupteten mit einer im Grad der Einmütigkeit seltenen Hartnäckigkeit, daß Roger Bacon, der Magier und Meistergaukler, in seinem Laboratorium einen künstlichen Kopf aus Bronze gegossen und beseelt hätte. Dies sei geschehen, um per Orakel mehr als nur einen flüchtigen Blick in die Zukunft zu werfen und Bacons angeblich so überheblichen Wissensdurst zu stillen. Waren dabei nicht auch Dämonen oder zumindest dunkle Kräfte im Spiel? Mochte Bacon anfänglich noch über diese ihm persönlich zugeschriebenen Zaubersagen verächtlich lachen, so stellte sich doch bald beim Türmer von Oxford eine gewisse Irritation ein, als auch Besucher von Verstand und Wissen mehr oder minder schamhaft bekannten, daß sie das wunderbar sprechende künstliche Haupt zu sehen wünschten. So konnte es nicht mehr lange dauern, bis Bacons Irritation in blanke Wut umschlug und der streitbare Mönch brieflich in gewohnter Schärfe vom Leder zog: „Wie entsteht solche Legende? Diese Erfindung hat man auch anderen nachgesagt: Robert Grosseteste, Papst Sylvester II., Albertus Magnus. Zur Zeit hängt sie sich an mich. Über wen wird sie morgen ausgestreut werden? Ein Narr hat sie ausgedacht. Narren haben sie aufgenommen. In Narrenköpfen möge sie bleiben, in sprechenden Mäulern ohne Kopf" (zitiert nach *Bauer,* 1963: 138).

Bacon konnte nicht ahnen, daß ausgerechnet die hartnäckig kolportierte Zaubersage ihn selbst, seine Werke und Erfindungen um Jahrhunderte überdauern sollte, wie noch in Beschäftigung mit den Mechanismen der Legendenbildung zu zeigen sein wird.

ॐ

KAPITEL V

Ein seltener Glücksfall

Um den oft grauen Klosteralltag auf-
zuhellen, erzählten sich die Mönche
des Mittelalters abends oft Heiligen-
geschichten, Schwänke, phantastische Sagen und schillernde Legen-
den utopischen Zuschnitts. Im Rahmen der mittelalterlichen Heilstopo-
graphie fand die Sehnsucht nach der
goldenen, dem entbehrungsreichen
Klosterleben entgegengesetzten Anderswelt ihren signifikantesten Ausdruck in der wahrscheinlich aus dem
10. Jahrhundert stammenden latei-
nischen Legende von der Meerfahrt   Teilansicht von
des heiligen Brendan. Diese späte-   „Alchemistische Meister"
stens um die Jahrtausendwende le-   Aegidius Sadler, 1629
gendär gewordene Symbolfigur soll
im 6. Jahrhundert nach dem Erhalt mehrerer Engelsvisionen
von Irland aus einige Seereisen nach Norden und nach We-
sten unternommen haben.

Als Traum vom Gelobten Land erfreute sich die Bren-
danlegende mit ihrem jenseits aller Realität reichendem Ge-
halt über Jahrhunderte großer Beliebtheit beim irischen, an-
gelsächsischen und französischen Klostervolk. Aaron Gurjewitsch schreibt über die nach dem Bild des Raumes ange-
ordnete utopische Geographie des Mittelalters: „Die Terra
repromissionis sanctorum in den Erzählungen von den Reisen der irischen Mönche ist ein direkter Gegensatz zur Erde
der Menschen. Das Gelobte Land ist reich an allen Gütern, es
ist ein Land ewiger Blüte und Früchtetragens; dort kennt man

weder Hunger noch Müdigkeit. Die Schafe haben die Größe von Ochsen, die Weintrauben sind groß wie Äpfel, und dort gibt es solche Fische, daß die Mönche einen von ihnen für eine Insel hielten. Auf einer bestimmten Insel fanden sie ein Kloster, dessen Bewohner nicht alterten, nicht erkrankten und niemals Mangel an gutem Wasser oder an Brot litten, und es ist nicht bekannt, wie und woher sie es erhielten. Auf einer anderen Insel erwartete die Seereisenden nach dem Willen des Herrn zubereitetes Essen, Trinken und Entspannung. Aber hier liefen auch Teufel hin und her und versuchten, die Brüder in Versuchung zu führen, und einer der Mönche wurde im Höllenfeuer verbrannt. Inmitten der Inseln der Glückseligen trafen die Reisenden auf die glühende Insel der Schmiede, die die Seelen der Sünder formen, und danach stießen sie auf einen Felsen, auf dem Judas Iskariot daselbst saß; an Sonntagen ruhte er aufgrund der Barmherzigkeit des Herrn von den Höllenqualen aus. Nach Ablauf der Zeit umringte ihn eine Teufelsschar und zog ihn in die Hölle fort. Sieben Jahre brauchte Brendan mit seinen am Leben gebliebenen Weggefährten bis ans Ziel seiner Reise und er kehrte mit einer Ladung wertvoller Steine nach Hause zurück" (*Gurjewitsch*, 1977: 17, ins Deutsche übersetzt von Christian Pfeifer).

Bacon siedelt die utopische Anderswelt lieber im Diesseits und in der nächsten Zukunft an. Seine eigenen, nur in der Vorwegnahme zukünftigen Erfindungsreichtums utopisch anmutenden Denkspiele kreisen um die Machbarkeit des Möglichen, an die er fest geglaubt hat, wie aus optimistischen Passagen seiner Hauptwerke deutlich wird. „Die Luft wird erobert werden... " heißt es lapidar und prophetisch in Bacons pragmatischer, auf die Zukunft gerichteter Denkschrift an den Papst *Opus tertium*. Auch in einigen Briefen hat Bacon seine Vision vom Aufstieg der Technik dargelegt: „Zuerst will ich Dir ... von den wunderbaren Werken der Kunst und der Natur erzählen; dann werde ich Dir ihre Ursachen und ihre Form beschreiben. *Dies hat nichts mit Magie zu tun*, denn die Magie steht weit unter solchen Dingen und ist ihrer nicht

Bonaventura.
Fresco in einer Vatikan-Kapelle

würdig. So können z.B. Wasserfahrzeuge hergestellt werden, riesige Schiffe für Flüsse und Meere. Sie bewegen sich ohne Ruder, und ein einziger Mann kann sie besser lenken, als wenn sie voll bemannt wären. – Dann gibt es auch Wagen, die sich ohne Pferde und mit ungeheurer Geschwindigkeit bewegen; wir glauben, daß solcher Art die Kampfwagen des Altertums waren, die mit Sicheln versehen waren. – Auch Flugmaschinen können gebaut werden. Ein Mann sitzt in der Mitte und bedient etwas, das die künstlichen Flügel der Maschine wie bei den Vögeln flattern läßt. – Man kann auch ein kleines Gerät zum Herablassen schwerer Lasten machen, das in Notfällen höchst nützlich ist; denn mit einer Maschine, die nur drei Finger hoch, drei Finger breit und noch weniger dick ist, könnte ein Mensch sich und seine Freunde aus Gefängnishaft befreien und sich hinauf- und wieder hinunterbewegen. Ferner kann man eine Maschine bauen für

Unterwasserfahrten auf Flüssen und Meeren. Sie taucht auf
den Grund ohne Gefahr für den Menschen. Alexander der
Große hat eine solche Maschine benutzt, wie wir von dem
Astronomen Ethicus wissen. Derartige Maschinen wurden
schon vor langer Zeit und werden auch heute noch gebaut,
ausgenommen vielleicht die Flugmaschine... Noch unendlich
viele andere solche Dinge können verfertigt werden: Brük-
ken, die ohne Pfeiler Flüsse überspannen, oder andere kunstvolle und neuartige Stützen und Vorrichtungen" (zitiert nach
Seligmann, 1958: 168 f).

Soviel Glaube an die Zukunft des homo faber und die op-
timistische Machbarkeit des Möglichen konnte nicht allein
auf Wohlwollen stoßen und so wurde bald der Vorwurf bei
der strengen Ordensaufsicht der Franziskaner laut, der zu
Irrwegen und Selbsterhöhung neigende Zukunftsträumer
Bacon würde absichtlich Unkraut im Garten der christlichen
Heilslehre aussäen. Empfänglich für solche Vorwürfe war der
Bacon schon vorher nicht gerade wohlgesonnene neue Ordensgeneral der Franziskaner, Johannes Fidanza, der als Schüler des Alexander von Hales in Paris studiert hatte und der
sich Bonaventura nannte. Gern geglaubt wurden auch Spekulationen darüber, daß Bacon arabische Denker wie Avicenna
und Alhazen vorbehaltlos und unter Schmähung der alten
Kirchenväter in den Rang christlicher Philosophen zu erheben trachtete. Mit seinen Bemühungen um eine Erschütte-
rung des vorherrschenden Autoritätsglaubens hatte sich Bacon als Mann des Aufbruchs viele Feinde geschaffen, und so
verfügte der durch Intrigen an die Macht gekommene neue
Ordensgeneral Bonaventura, ein Freund des Thomas von
Aquin, ohne langes Zögern Bacons Überstellung in Klosterhaft. Zuvor hatte Bonaventura, der „zu den einflußreichsten
Kontrahenten einer um Selbständigkeit gegenüber der Theologie bemühten Philosophiekonzeption gehörte" (*Wöhler,*
1990: 127), dem aufmüpfigen Franziskaner ein zur Umkehr
mahnendes Sendschreiben geschickt, das Bacon nur wider-
willig und ausweichend beantwortete. Mißgestimmt und halb-

herzig verteidigt sich Bacon gegen die Vorhaltungen, ohne seinerseits auch nur im mindesten nachzugeben.

Im Jahre 1257 tritt Bacon in Paris seine Klosterhaft an. Nach zunächst harten wie fruchtlosen Disziplinierungsmaßnahmen behandelt man ihn relativ zuvorkommend und gewährt ihm gelegentlich Ausgang jenseits des Franziskaner-Hauses. Zwar ist Rom weit entfernt, dennoch muß sich Bacon mit einigen strengen Auflagen wie dem Lehr- und Schreibverbot abfinden, und ausnahmsweise läßt man ihn hungern, um seine Energie zu mindern. Lesen ist ihm gestattet, und als er einen Waisenknaben „aufliest", darf er ihn als Diener behalten. Jede Art von praktischen Experimenten bleibt dem Mann aus England aber verboten. Wahrscheinlich unterläuft Bacon das Schreibverbot schon nach einigen Monaten in Paris, doch wagt er es nicht, andere Personen seine fragmentarisch niedergeschriebenen Gedanken lesen zu lassen. Dies war ratsam, da im Franziskanerorden nach dem Bekanntwerden einiger spektakulärer Schriften des Joachim di Fiore und des Gérard de San Borgo seit 1260 verschärfte Zensurbedingungen galten. Trotz einiger Schwierigkeiten mit dem, seinen kostspieligen Versuchen entgegengesetzten, radikalen Armutsgebot empfand Bacon doch große Sympathien mit dem Spiritualenflügel des Franziskanerordens.

Die Jahre ziehen relativ ereignislos ins Land und gelegentlich darf Bacon Besuch empfangen, wie 1261 den berühmten Kanzelredner und gelehrten Prediger Berthold von Regensburg, mit dem er einen von Floskeln freien Meinungsaustausch führt. Bacon wettert heftig gegen die Ungebildetheit jener Mönche und „Knabentheologen", die „sich schon für Meister halten, bevor sie überhaupt Schüler waren" (übersetzt nach *Lindberg,* 1983: XXIII).

In Paris führt der stets wißbegierige Bacon auch später als geographische Kenntnisse in das Hauptwerk *Opus maius* einfließende Diskurse mit dem reisenden Gelehrten und Mystiker Wilhelm van Ruisbroek. Dieser flämische Mönch war gerade von einer im Auftrag des französischen Königs unternommenen Exkursion ins Tatarenreich nach Frankreich zurückgekehrt. Ruisbroek wußte allerhand Neuigkeiten über fremde Völker und Gesellschaften zu erzählen, glaubte er doch mehr der eigenen persönlichen Anschauung vor Ort als den Fabeleien der überwiegend imaginären Ethnographie des Mittelalters.

Indessen ziehen dunkle Wolken über England auf, als sich erneut eine bewaffnete Auseinandersetzung im alten Machtkampf zwischen König und Adel abzeichnet. Um eventuell zu vermitteln und auf jeden Fall die eigenen Interessen in diesem lästigen Zwist vor Ort durch einen geschickten Kirchendiplomaten zu sondieren, entsendet Papst Urban IV. seinen Legaten Guy d'Fulcodi in Richtung „Insel der Streithähne". Als krisenerprobter Diplomat der Kirche verfügte Fulcodi über großes Verhandlungsgeschick. Er kam gebürtig aus Saint Gilles an der Rhône und war zunächst Soldat und Jurist. Aufgrund seiner schnellen Auffassungsgabe konnte er später sogar Sekretär am Hofe des Königs von Frankreich werden. Mit seiner Frau hatte er mehrere Kinder, fand aber trotz Arbeit und Familie noch Zeit und Muße, seiner großen Wißbegier durch eifrige Studien nachzukommen. Nach dem Tod seiner Frau begann Guy d'Fulcodi eine rasante Karriere im diplomatischen Dienst des Papstes. 1259 wurde er zum Erzbischof von Narbonne ernannt, und seit 1261 bekleidete er den Rang eines Kardinalbischofs von Sabina. Als päpstlicher Legat befand sich der mit allen Wassern gewaschene Fulcodi häufig auf Dienstreisen in offener und geheimer Mission.

Nichts Gutes über ihre politische Zukunft erahnend, verhinderten die englischen Barone Fulcodis Übersetzung von Boulogne nach England. Untätig wartete der Legat Fulcodi auf eine möglicherweise noch eintretende Änderung der Lage zu seinen Gunsten. Gelangweilt knüpfte er Kontakte zu einigen in der Stadt Boulogne lebenden Gelehrten und erfuhr bei dieser Gelegenheit von der Existenz eines geheimnisumwitterten Franziskaners in Paris, der aus den königstreuen

Reihen des englischen Landadels entstammte. Von Gerüchten und Geschichten neugierig gestimmt schickte Legat Fulcodi seinen Vertrauten Raymond von Lâon nach Paris, um von dem gelehrten Mönch eine schriftlich niedergelegte Kostprobe dessen Könnens einzufordern. Über dieses Ansinnen dürfte Roger Bacon verlegen oder überrascht gewesen sein, hatte der Klosterhäftling doch keine abgeschlossenen Manuskripte vorzuweisen. Zudem begriff Bacon von seinem Selbstverständnis her die eigenen schriftlich niedergelegten Texte lediglich als Vorstudien, die der Aufstockung und Ausarbeitung bedurften. Es fehlte außerdem auch an finanziellen Mitteln, um Bücher zu beschaffen, Kopisten zu beschäftigen und eigene Versuche praktischer Natur auszurichten.

Mit leeren Händen kehrte Raymond von Lâon zu seinem Herrn nach Boulogne zurück, doch der erfolgsverwöhnte Kirchenfürst wollte sich nicht allein mit den mündlichen Grüßen des Wundermannes Bacon abfinden. Er sendet mehrere Schreiben ins Haus der Franziskaner nach Paris, in denen er Bacon vorschlägt, eine das eigene Wissen subsumierende Denkschrift zu verfassen. Geehrt und doch peinlich berührt muß Bacon den Kardinal auf das über ihn verhängte Schreibverbot aufmerksam machen. Eigene Versuche, bei den französischen Ordensoberen eine Aufhebung oder Lockerung des Schreibverbots unter Verweis auf die Wünsche des hohen Herrn zu erwirken, schlagen fehl. Mit Mißtrauen begegnen die Franziskaner dem Legaten Fulcodi, den sie dem inzwischen bitter gestimmten Bacon als Förderer mißgönnen. Fulcodi reist nach Italien zurück, und die Angelegenheit scheint erledigt zu sein, bevor sie eine überraschende und unvorhersehbare Wendung nimmt.

Im folgenden Jahr stirbt ganz plötzlich Urban IV. und sein reformfreudiger Nachfolger nimmt im Februar 1265 den Namen Clemens IV. an: Es ist niemand anderes als der Kardinalbischof und Ex-Legat Guy d'Fulcodi. Große Teile der Kirche reagieren auf die Wahl dieses tatkräftigen und an einer Erneuerung interessierten Mannes mit Erstaunen. Über den sel-

tenen Glücksfall enthusiasmiert sieht Bacon in der Wahl
Fulcodis zum Papst gar einen Fingerzeig Gottes, der den
Anbruch einer neuen Zeit ankündigt, in der Wissenschaften
und Künste dank der Förde-
rung durch einen so lange her-
beigesehnten verständigen
Engelpapst erblühen könnten.
Für Bacon ist Fulcodi jetzt in
eine Position gerückt, von der
aus der neue Papst ihn besser
und mit Nachdruck unterstüt-
zen konnte. Angesichts der
Fülle von auf den ersten Blick
nahezu unlösbaren Aufgaben
taktierte der neue Mann auf
dem Petristuhl jedoch erst einmal recht vorsichtig, was die
internen Angelegenheiten der
einzelnen Orden betraf.

Papst Clemens IV. belehnt
Karl von Anjou mit Neapel.

   Nichtsdestotrotz wartete Bacon mehr oder minder gedul-
dig auf das erhoffte Signal des noch ausstehenden Rück-
halts. Politisches Gezerre in Italien und der Bürgerkrieg in
England beanspruchen die Aufmerksamkeit von Clemens IV.
Als der englische Ritter Sir William Bonecor in der Eigenschaft als Gesandter Heinrichs III. auf seinem langen Weg
nach Rom in Paris eine Rastpause einlegt, spielt ihm Bacon
eine Nachricht an den Papst zu, die der Graf auch abliefert.
Darin beklagt sich Bacon über den Fortbestand der Hemm-
nisse und Widrigkeiten, die seine Arbeit unnötig erschweren.
Ungeduldig und voll innerer Anspannung wartet Bacon einige Monate lang auf Antwort. Diese wird ihm erst in einem
auf den 22. Juni 1266 datierten Brief zuteil, in dem Papst
Clemens erneut die Zusendung einer Denkschrift oder gleich
mehrerer Werke über den Stand der Wissenschaften und die
Möglichkeiten einer grundlegenden Erneuerung der Philosophie und Künste fordert. Der „treue Sohn Roger" solle jenes

Werk schicken, um das er bereits durch Raymond von Lâon gebeten worden war, beziehungsweise in einem neuen Werk darlegen, was er persönlich gegen die gefährlichen Übel der Zeit empfehle und welche Reformen er für günstig erachte.

Das Werk, von dem der Papst irrtümlicherweise annahm, daß es längst oder inzwischen geschrieben worden sei, war natürlich aufgrund der bereits geschilderten mannigfaltigen Schwierigkeiten noch nicht fertig und auch in der Planung keineswegs weit gediehen. Bacon entschloß sich nun zu schreiben, was Papst Clemens IV. bereits für vollendet hielt und „geheim und ohne Aufsehen auf dem schnellsten Wege" in Händen zu halten begehrte.

In einem Brief bekundet Bacon seine Verbundenheit gegenüber dem neuen Papst. „Das Haupt der Kirche hat ausgerechnet mich ausgesucht, die unwerte Sohle unter seinem Fuß... Ich fühle mich über meine gewöhnlichen Geistesgaben erhoben. Ich empfange einen wahren Feuereifer des Geistes. Mehr als dankbar muß ich über den glücklichen Moment sein, als Eure Hoheit geruhten, mich nach meinem Wunsch zu fragen, was ich wohl am glühensten mitzuteilen gedächte. Nun habe ich weder Kosten noch Mühen gescheut und die Dinge ans Licht zu bringen versucht" (*Opus tertium*, 1859: 7 f., nach *Brewer* ins Deutsche übertragen).

Bacon berichtet dem Papst auch von den vielen Schwierigkeiten als unerwünschte Wegbegleiter des angestrebten Schreibprojekts: Geldmangel, das Fehlen von Büchern, Geräten, Hilfskräften und Kopisten nebst Schwierigkeiten mit der eigenen Gesundheit erschwerten und verzögerten die aufopferungsvolle Arbeit am großen Werk. Nicht zu unterschätzen bleibt auch noch der Umstand, daß Bacon fast jede Textfassung noch bis zu vier- oder fünfmal umarbeitet, bevor er annäherungsweise mit dem Geleisteten zufrieden ist. Die mehrere Monate Zeit kostende Arbeit an den begonnenen Traktaten *Communia naturalium* und *Communia mathematicae* bricht Bacon, der seine Arbeit verständlicherweise gut machen will, aus Unzufriedenheit mit dem erreichten Zwischenergebnis wieder ab.

Schließlich schreibt der grüblerische Franziskaner, dem auch
weiterhin Geld und Hilfsmittel fehlen, das Hauptwerk *Opus
maius* nebst den einleitende Zusammenfassungen bietenden
kleinen Denkschriften *Opus minus* und *Opus tertium* in nur
rund 12 Monaten nieder. Die kleinen Zusatzwerke führen einige spezielle Punkte aus und befassen sich auch mit Alchimie und Astrologie.

Das Mißtrauen der Ordensoberen gegenüber Bacons viel-
fältigen Aktivitäten war nicht leicht zu zerstreuen. Der Argwohn, Bacon hätte als potentiell ungebundener Grenzgänger
Ausflüge in das Reich der verbotenen Magie unternommen,
ließ sich nicht so einfach beschwichtigen. Die zeitraubende
Machtprobe zwischen Franziskanerorden und Papst Clemens
IV. um Bacons weitere Zukunft fand wahrscheinlich ein vorläufiges Ende in der Aufhebung von Bacons Schreibverbot
sowie einer Lockerung der Bedingungen seiner auch weiter
fortbestehenden Haft. Papst Clemens war recht ungehalten
über die Taktik der Franziskaner, die die Angelegenheit zu
verschleppen suchten.

Fieberhaft arbeitete Bacon an einer für den Papst auch ver-
ständlichen Fassung seines Hauptwerkes *Opus maius*. Eifrig
nutzt der Günstling des Papstes die Gelegenheit, endlich un-
behelligt an dieser großen Denkschrift seine eigenen Fähigkeiten erproben zu können. Erneut bittet er seinen Bruder in
England um finanzielle Zuwendung, doch da dieser im Bürgerkrieg auf die unterlegene Seite gesetzt und damit alles
Hab und Gut verloren hatte, bleibt dieser Vorstoß vergeblich.
Nach Kräften bemüht sich der unermüdliche Bacon um die
Sicherung der unverhofften und hoch geschätzten Patronage.
Trotzdem fällt es dem hart arbeitenden Mann nicht gerade
leicht, gedanklich zu einer Systematik und Bestandsaufnah-
me des Wissens- und Bedenkenswerten seiner Zeit zu gelan-
gen. Immer wieder überarbeitet er die niedergeschriebenen
Gedanken, um die Hauptschrift in bestmöglicher Fassung vor-
legen zu können. Im Rückblick auf die hinter ihm liegende
Leistung erklärt Bacon erleichtert und mit einem gewissen

Stolz: „... Ich habe den Baum der philosophischen Weisheit betrachtet, habe seine Hauptwurzeln herausgearbeitet, die Höhe des mächtigen Stammes und das Wachstum der Zweige konstatiert, habe den Blütenduft lieblicher Kenntnisse verbreitet, habe die goldenen Halme der Ceres und die tragkräftigen Rebgeschosse des Bacchus gesammelt" (zitiert nach *Bauer*, 1963: 160).

Am Anfang des Jahres 1268 schickt Roger Bacon seinen inzwischen zum Musterschüler herangereiften Schützling Jean, gewissermaßen ein lebendes Beispiel für Bacons didaktisches Vermögen, auf den Weg nach Rom, um Papst Clemens IV. das Hauptwerk *Opus maius* nebst der zusammenfassenden Nachschrift *Opus minus* sowie das Traktat *De multiplicatione specierum* zu übergeben.

≥&

KAPITEL VI

Das Hauptwerk „Opus maius"

Bacons in Etappen zwischen 1266 und 1268 auf Geheiß von Papst Clemens IV. entstandenes Hauptwerk *Opus maius* wurde als wissenschaftskritische Abhandlung angelegt. Sie ist auch eine direkt an den Papst als Anreger gerichtete Denkschrift, in der Bacon den Stand und die Möglichkeiten für eine Reform von Philosophie und der noch in den Kinderschuhen steckenden Naturwissenschaft entwarf. Der gelehrte Bacon selbst hat sein *Opus maius* ebenso wie die kleinen Nach- und Zusatzschriften *Opus minus* und *Opus tertium* als „persuasio praeambula", ‚vorläufige Überzeugungsschrift' bezeichnet. Das gelobte Land erspähte Bacon in der Vision vom baldigen Aufblühen universalen Wissens. Sein großes Werk gilt heute als eine der bedeutendsten Schriften des 13. Jahrhunderts.

Die umfangreiche Arbeit gliedert sich in folgende sieben Hauptteile: Teil 1 behandelt die Ursachen der menschlichen Unwissenheit, Teil 2 liefert eine Betrachtung zum Verhältnis zwischen Theologie und Philosophie. Danach folgt ein Plädoyer für die Notwendigkeit eines Studiums der biblischen Sprachen und der generellen Beschäftigung mit dem großen Gebiet der Philologie, um Irrtümer bei der Auslegung der Vulgatatexte zu vermeiden. Im vierten Teil spult Bacon seine mathematischen Kenntnisse ab und beschäftigt sich überdies mit Geographie, Astronomie und Astrologie. Teil 5 referiert den zeitgenössischen Erkenntnisstand über Probleme der perspectiva und der Optik. Der vorletzte Teil behandelt die Möglichkeiten und den Nutzen einer systematisch betriebenen Experimentalwissenschaft. Teil 7 geht Fragen einer Bedeutung der Moralphilosophie für das öffentliche Leben nach.

„Irdisches Wissen und überirdische Weisheit gehören für Bacon untrennbar zusammen und machen den Kosmos aller

Wissenschaft aus", schreibt Heck (1957: 135) ganz richtig aus
religionswissenschaftlicher Sicht über Bacon als Theologen.

Die Suche nach Weisheit verlangt methodologisch einwand-
freies Denken, um überhaupt Wissenswertes als Ergebnis von
geistigen Prozessen ableiten zu können. Man braucht Wissen
auch zur Menschenführung in der Kirche, zur Bekehrung der
Heiden, zur Unterdrückung von Übeltätern und zur Vermeidung
von Gesetzesverstößen, verkündet Bacon. Dieses von Nachdenk-
lichkeit gespeiste Wissen ist aus vier in den folgenden Abschnitten zu erörternden Ursachen für menschliche Ignoranz nicht
leicht zu erlangen: der erste Grund liegt in der dem fortschritt-
lichen Geist Fesseln anlegenden Abhängigkeit von unwerter beziehungsweise hohler Autorität. Die zweite Ursache sieht Bacon
im Festhalten überkommener und vermittels ihrer Starrheit letzt-
lich versklavender (Denk-)Gewohnheiten, die dritte im schädli-
chen Einfluß öffentlicher Vorurteile und vorgefaßter Meinungen auf wichtige Entscheidungen. Die vierte Hauptursache für

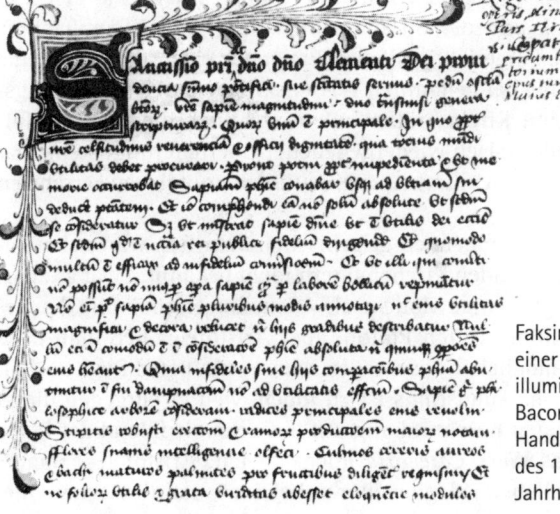

Faksimile
einer
illuminierten
Bacon-
Handschrift
des 14.
Jahrhunderts

die menschliche Ignoranz sieht der gelehrte Franziskaner in der Selbsttäuschung, beziehungsweise Fehleinschätzung der eigenen Verstandesleistung oder des an die Persönlichkeit des Einzelnen gebundenen Teilwissens. Ausführlich spricht Bacon über den menschlichen Hang zum Irrtum im Prozeß der Erkenntnisgewinnung. Die Gründe für diese Bestandsaufnahme der Irrtumsverfallenheit legt Bacon in den nächsten zehn Abschnitten unter Rückgriff auf viele Zitate antiker Denker dar. Irrtümer sind reichlich vorhanden, die Wahrheit trifft man hingegen meistens nur vereinzelt an. Überholte Denkgewohnheiten dürfen nicht länger kritiklos tradiert werden. Ein neues Denken jenseits der alten Annahmen muß beginnen, das frei vom Ballast der reiner Spekulation entwachsenen Mutmaßungen auf eine Beobachtung natürlicher Vorgänge ausgerichtet ist. Das sich kritiklos auf Autorität berufen mag den Glauben an eine Sache befördern, wird aber ihr Verstehen nicht unbedingt voranbringen.

Im 12. Abschnitt stimmt Bacon eine freimütige Zeitklage darüber an, daß die klugen Köpfe seiner Mitwelt die Weisheit der alten Denker vernachlässigen oder, wie im Fall der Mathematik und der Sprachstudien, fast gänzlich mißachten würden. Folgerichtig plädiert Bacon für eine Aufwertung und Förderung der genannten Wissenszweige durch die Bildungsinstitution Kirche, räumt allerdings auch die Existenz falscher oder falsch wiedergegebener Überlieferungen ein, was den Zugang der Kirchenväter natürlich grundlegend erschwert habe.

Die hervorragenden griechischen Schriften waren den Latein sprechenden Kirchenvätern nicht bekannt. Zwar studierten einige wenige Mönche als Ausnahmeerscheinung den bereits teilübersetzten Platon, aber Aristoteles ließ man links liegen, möglicherweise wegen seiner vermuteten Gegnerschaft zu Platon. Augustinus ist zu loben, weil er entgegen dieser freiwilligen Beschränkung auf das schmale Eiland der Ignoranz das Werk *Categoria* übersetzt hat. Aristoteles´ Hauptwerke blieben jedoch weiter unbekannt, nur die Asche seiner

Gedanken, also die kleinen Werke, erwähnte man hinter vor-
gehaltener Hand, um ihnen mit Achselzucken zu begegnen.

Freimütig gesteht Bacon, seine Werke und Abhandlungen
zum besseren Verständnis „vier- oder auch fünfmal" umge-
schrieben zu haben, bevor sich eine befriedigende Version
abzuzeichnen begann. Zum Leidwesen späterer Herausgeber,
Bibliographen und textkritisch eingestellter Kommentatoren
wurden auch die „Schluß- oder Schlüsselversionen" häufig
später noch einer neuerlichen Bearbeitung, Änderung oder
Erweiterung unterzogen. Der Bibliograph Leland wußte davon ein Klagelied zu singen und jammerte, daß „es wohl
leichter sei, den Hinterlassenschaften von Sybillen als Bacons
schriftlichen Werken nachzuspüren" (übersetzt nach *Little*,
1914: 375).

Die Urkirche hat nur wenig mit der griechischen Wissens-
kunst anfangen können und deswegen manchen Schatz
ungehoben gelassen. Bacon glaubt für diesen Umstand eine
fünffache Ursache feststellen zu müssen: (1) Mit Ausnahme
der Hebräer bildete Philosophie seit jeher bei allen alten Kul-
turvölkern die Grundlage für die Gesetzgebung und die Re-
gierungsform. (2) Deswegen widerstand die Philosophie dem
christlichen Gedankengut. (3) Die alten Völkerschaften haben sich aber nicht allein um Philosophie bemüht, sondern
auch das Augurentum und die Orakeltechniken der Magie
gefördert. (4) Zudem ließen sie es zu, daß Christen drangsa-
liert und verfolgt wurden. (5) Die Häupter der Urkirche sahen
ihre Feinde zum einen mit dem Studium der Philosophie und
zum anderen mit magischen Praktiken beschäftigt. Also ver-
mischte man diese an sich verschiedenen Dinge, um sie ge-
meinsam zu verwerfen. Deshalb schätzt man in der Kirche
die Philosophie so gering. Die Wahrheit sei, daß Philosophie
der kirchlichen Lehre nicht schaden, sondern vielmehr ihrer
Verbreitung und Vertiefung nur dienlich sein könne. So lau-
ten Bacons kühne Hypothesen zur Kulturgeschichte des Irr-
tums. Sie klingen nicht nur ausgesprochen unorthodox, sondern fast ketzerisch, behauptet Bacon doch im nächsten Ab-

schnitt, daß kein Irrtum oder Mißverständnis unkorrigiert bleiben muß. Mit ein wenig Mut und Zuversicht könne man die mittlerweile weitgehend übersetzte griechische Philosophie behutsam ins Christentum integrieren, ohne die kirchliche Lehre auf den Kopf stellen zu müssen, verkündet Bacon im nächsten Abschnitt, bevor er auf der letzten Seite des ersten Teils noch ein paar beschwichtigende Floskeln zum besten gibt.

Der postulierte reine Nutzen für das Kirchen- und Gelehrtenvolk ist in Zweifel gezogen worden: „Man kann sich manchmal des Lächelns nicht erwehren, wenn man sieht, wie künstlich dieser personifizierte Wissensdurst sich selbst oder seine Leser oder auch beide zu überreden sucht, alles Wissen interessiere ihn nur um kirchlicher Zwecke willen. Niemand hat es ihm geglaubt. Die Nachwelt nicht, die ihn darum von den eigentlichen Scholastikern zu trennen pflegt, die Mitwelt nicht, die ihn als einem weltlich Gesinnten mißtraute" (*Pohl*, 1893: 7).

Der zweite Teil des großen Werkes behandelt die enge Verknüpfung der Philosophie mit der Theologie. Alle Weisheit kommt von Gott und bildet eine Einheit der Schöpfung. Sie ist in der Heiligen Schrift enthalten und kann mit Hilfe des kanonischen Rechts und der Philosophie behutsam ans Licht gebracht werden. Das Kirchenrecht bezieht sich auf die Schrift, die alles studierbare Wissen enthält.

Als „homo religiosus" befürwortet Bacon Glauben auf der Suche nach Verstehen. Schon dem heiligen Augustinus war klar, daß Theologie Geist und Philosophie enthalten sollte. Um das Wort und seine Auslegung kreisen Ethik, Geschichte, Logik und Grammatik sowie das Wissen um die Künste. In Abschnitt 4 argumentiert Bacon in Anlehnung an Beda, daß so wie Salomon auf fremde Hilfe beim Bau seines Tempels angewiesen war, so hätte sich auch Christus selbst alter heidnischer Philosophen beim Aufbau von Kirche und Lehre bedient. Selbst der bekehrte Paulus zitiert gelegentlich noch heidnische Poeten und Denker, was der christlichen Sache nicht schadet.

Abschnitt 5 behauptet, daß jede Wahrheitsfindung zu Christus führt. Man muß zwischen „intellectus agens" und „intellectus possibilis" unterscheiden. „Intellectus agens" existiert außerhalb des Menschen, erregt seine Neugier von außen und kann als tätiger Verstand zu Wissen und Tugend führen. Als Vordenker seiner gegen Thomas von Aquin gerichteten Auffassung führt Bacon Aristoteles, Alpharabius und Avicenna an. Die Qualitäten der zweiten Gattung werden nicht näher erläutert. Die Philosophie ist schon deshalb göttlichen Ursprungs, weil der Verstand allein von Gott kommt. Wahrscheinlich gibt es einen Weltgeist, an dem jeder Mensch mehr oder minder aktiv teilhat. Weisheit wurde den antiken Denkern direkt von Gott offenbart, was Aristoteles, Cicero und Augustinus beweisen mögen. Im Kapitel 6 heißt es dann auch, daß die Philosophie die Kreatur zum Wissen führt, um Gott dienen zu können. Hinter den physikalischen Erscheinungen stehen spirituelle Wahrheiten. Wieder gebraucht Bacon die von ihm so geliebte Metapher des Regenbogens.

Abschnitt 9 behandelt die wichtige Feststellung, wonach die Philosophie keine Erfindung der heidnischen Zivilisationen sei. Schon die frühen Patriarchen beschäftigten sich mit ihr und ließen sich vom Geist des Himmels göttliche Orakel enthüllen. Joseph erzählt, daß bereits Noah und seine Söhne die Chaldäer in diesen Fertigkeiten unterrichteten, so wie Abraham die Ägypter belehrte. Über einen weiteren Traditionsstrang sollen die Hebräer verfügen. Isis und Pallas waren Zeitgenossen NB von Jakob und Esau. Phoroneus, der zweite König der Argiven, soll nur einige Jahre später bereits dafür gesorgt haben, daß zum ersten Mal Moralphilosophie gelehrt werden konnte. Die Überlieferungsgeschichte geht mit Prometheus und Atlas als Zeitgenossen von Moses weiter. Der große Hermes soll der Enkelsohn von Atlas gewesen sein. Von diesem oder von einem anderen Weisen namens Apoll wurde Asclepius, der Gründer der Heilkunde, unterrichtet. Bacon schränkt seine eigene Mythographie der Wissensvermittlung am Schluß des

9. Abschnitts wieder etwas ein, wenn er zu bedenken gibt, die
direkten Söhne und Nachfahren von Adam beziehungsweise
Noah könnten bereits medizinische Kenntnisse besessen haben.

In Kapitel 10 berichtet Bacon gemäß seiner Rolle als Kompilator des Wissenswerten, daß Catmus die Griechen mit der
Kunst des Schreibens bekanntgemacht habe. Die Heldenta-
ten von Herkules und Apollo werden als Markierungen auf
dem zur Zivilisation führenden Pfad der Erkenntnisgewinnung
erwähnt. Die folgenden Kapitel behandeln Entwicklungen der
griechischen Kulturgeschichte. Mit Thales beginnt die Reihe
der weisen Männer bei den Griechen. Pythagoras, Archytas,
Aristoteles, Sokrates werden neben anderen Philosophen als
überwiegend kühne Denker vorgestellt. Platon ist möglicherweise in Ägypten von dem Propheten Jeremiah unterwiesen
worden. Für Bacon sind Platon und Aristoteles die wichtigsten Philosophen. Aristoteles gebührt die Krone auf dem
Denkerhaupt wegen seines Gedankenerbes und seinem Hang
zur Naturbeobachtung. Man hat von seinen Lehren zu wenig
Gebrauch gemacht, erst Araber wie Avicenna und Averroes
haben ihren wahren Wert erkannt und genutzt. Bacon beklagt, daß von Avicennas Kommentaren zu Aristoteles gerade erst ein knappes Drittel in übersetzter Form existiert. Des
gelehrten Alchimisten Michael Scots Übersetzungen von Teilen des aristotelischen Werkes haben die mitteleuropäische
Gelehrtenwelt positiv beeinflußt.

Wenn die Philosophie zur Schwelle göttlicher Wahrheit
führt, dann gerade deshalb, weil Philosophie und Theologie
zwei Aspekte eines untrennbaren Ganzen sind. Darüber hinaus hat Philosophie als ein ewiges Phänomen keinen Wert.
Vor Gott sind die Menschen Kinder, die lernen und wachsen
müssen. Das christliche Philosophieren ist keine widerspruchs-
freie, aber eine kontinuierliche Erscheinung, meint Bacon im
14. Abschnitt. Eine Philosophie, die sich der eigenen Unfer-
tigkeit und Mängel bewußt ist, kann zu den höheren Wahrheiten der Theologie führen. Jede Art von spekulativer Philosophie sollte Moralphilosophie zum Ziel und Ende haben.

Nach Abschnitt 17 folgen Erörterungen der christlichen Ethik auf der Basis einer praktisch anwendbaren Moralphilosophie.

Der dritte Teil des *Opus maius* widmet sich Aspekten der Sprachstudien. Ohne Sprachstudien kann es kein Wissen geben. Bacon folgt einer nahezu magischen Auffassung von der Wirkmächtigkeit des Wortes. So wie man mit einem Messer in der Hand sowohl Brot schneiden als auch einen Mann verwunden kann, so ist dem Weisen das Wort ein unvergleichliches Mittel: „Alle Wunder am Beginn der Welt geschahen durch das Wort. Und das Wort, an dem die Seele sich erfreut, ist die eigentliche Leistung der vernünftigen Seele. Worten ist eine große Macht zu eigen: wenn sie mit Konzentration und starkem Verlangen, mit der rechten Absicht und gläubiger Zuversicht gesprochen werden. Wenn diese vier Dinge gegeben sind, wird die vernünftige Seele bald dazu gebracht werden, ihrem Wert und Wesen gemäß zu wirken, und zwar nicht nur auf sich selbst, sondern auch auf die Außenwelt" (deutsch zitiert nach *Biedermann,* 1976: 351 f).

Die Besonderheiten der griechischen und lateinischen Sprache werden in diesem kapitellosen dritten Teil ausführlich dargelegt. Die Erörterung der zwischen ihnen bestehenden Unterschiede führt zu generellen Ratschlägen zur Kunst der Übersetzung. Grosseteste, Boethius und Augustinus werden als Autoritäten im Kampf gegen Fehler durch unkorrektes Übersetzen zitiert. In der Theologie könnte viel fruchtloser Streit um die Auslegung gewisser Stellen aus der Heiligen Schrift vermieden werden, wenn man sich guter Übersetzungstechniken sowie ausreichender Sprachkenntnisse befleißigen würde. Die Eigenheiten des Hebräischen verleiten Kleriker, die nur Latein beherrschen oder annäherungsweise verstehen, zu Mißdeutungen und Fehlinterpretationen, die wiederum den Zündstoff für kühne Hypothesen und neue Streitigkeiten liefern. Selbst wenn Texte korrekt übersetzt sein sollten, was selten genug der Fall ist, werden sie trotzdem häufig falsch interpretiert. Viele Versuche der Bereinigung von Irrtümern führen zu weiteren Irrtümern.

Am Ende des relativ kurzen dritten Teils gelangt Bacon zu folgenden Schlußfolgerungen, die sich wie Forderungen lesen lassen: Linguistische Studien können in ihrer Bedeutung für die Kirche kaum überschätzt werden, nämlich für die Auslegung der Liturgie, für das Verstehen der Formeln der Sakramente und Konsekrationen, für die Zukunft kirchlicher Unternehmungen in der zukünftigen Geschichte und hinsichtlich des Kontaktes mit anderen Nationen und Religionen. Vergleichende Sprachwissenschaft sollte an allen Höheren Schulen gelehrt werden.

Im folgenden vierten Teil erörtert Bacon auf fast 300 Seiten die Schlüsselrolle der Mathematik für die anderen Wissenschaften. Er unterteilt die Mathematik in vier Disziplinen: Geometrie, Astronomie, Arithmetik und Musik. Darzustellen verspricht Bacon den Kirchenoberen auch den Nutzen für das menschliche und das zu Gott führende Wissen. Erst in der Beschäftigung mit der Mathematik „kommt der Mensch zur vollen Wahrheit. Sie steigt in andere Wissenschaften hinab, fördert ihr Verständnis, ist die Grundlage allen Forschens. Bei ihr liegen alle Elemente des wahren und schlüssigen Beweisens, und wo ihre Wohltaten nicht erkannt werden, dort walten Zweifel, unverbindliche und nichtssagende Mutmaßungen und Irrtümer" (zitiert nach *Bauer,* 1963: 94).

Wie später im *Opus tertium* so basiert Bacons Verständnis der Mathematik im *Opus maius* vor allem auf Astronomie. Für die Astronomie ist das Begreifen mathematischer Vorgaben bei der Berechnung der Bewegung von Himmelskörpern ein Faktor von entscheidender Bedeutung. Ohne Mathematik wäre kein Fortschritt im Sinne des Voranschreitens oder eine Überwindung von Grenzen der Unwissenheit denkbar. Hinter der Bewegung der Himmelskörper liegt Mathematik, erklärt der „Begründer der mathematischen Physik" (*Würschmidt,* 1914: 229, nach *Vogl*).

Viele Aussagen des vierten Teiles von Bacons Hauptwerk decken sich mit Bemerkungen über mathematische Physik in der Schrift *De multiplicatione specierum*, die Bacon in min-

destens zwei nachgewiesenen Versionen vor der Abfassung
des *Opus maius* schriftlich niedergelegt haben dürfte. Paral-
lelen bestehen auch zu dem kleinen Werk *Communia naturalium* sowie zu der wichtigen, später entstandenen Schrift
über Brennspiegel *De speculis comburentibus.*

Bacon bezeichnet die Rechenkunst auch als „Alphabet der
Philosophie... und Naturkunde", deshalb besitzt sie für ihn
eine spirituelle Dimension, die auch schon die Chaldäer und
Ägypter beschäftigt haben soll. Aus der Förderung der Mathematik kann auch die Kirche großen Nutzen ziehen.

Selbst die Gesetze der Musik unterliegen, wie Teile der Kunst,
mathematischer Logik und Gesetzmäßigkeit. Die Herstellung
astronomischer Gerätschaften und Tabellen basiert auf mathematischen Kenntnissen. Mathematische Studien stützen sich auf
Beschäftigung mit Quantität und Proportionen, wie schon die
weit entwickelten Vorarbeiten der Araber gezeigt haben. Gottes
Offenbarungen sind auch in der Natur zu finden, die beobachtet
werden muß. Gelegentliche Attacken christlicher Gelehrter auf
die Mathematik verdienen keine Beachtung, ebensowenig wie
ungebildete Schmähungen gegenüber der Astronomie oder der
von ihr abhängigen Geographie. Es folgt eine ausführliche geographische Beschreibung der um die Mitte des 13. Jahrhunderts
bekannten Weltgegenden, einschließlich einer Erwähnung des
Heiligen Landes und Ägyptens. Religionen, Bildungsstand und
ethnische Besonderheiten verschiedener Völker, zum Beispiel
der Tataren, bleiben nicht unerwähnt.

Am Übergang von der Mathematik zur Physik erlaubt sich
Bacon einige Bemerkungen über Astrologie, die er für eine
Hilfswissenschaft und einen spekulativen Zweig der Astronomie hält. Wie viele seiner Zeitgenossen, einschließlich des
Thomas von Aquin, hat auch Bacon zum Zeitpunkt der Abfassung des *Opus maius* an die Wirksamkeit der Himmelskörper auf das irdische Geschehen geglaubt. Wie der Dominikaner und berühmte Zeitgenosse Albertus Magnus beschäftigte sich auch Bacon mit den verzweigten Gedankengebilden
der Mikrokosmos-Makrokosmos-Analogie als Ausdruck sei-

nes religiös untermauerten wissenschaftlichen Ganzheits-
strebens. „Der Mikrokosmos ist nicht nur ein kleiner Teil des
Ganzen, nicht ein Element des Weltalls, sondern gleichsam
seine verkleinerte und es nachbildende Replik. Nach der Idee,
die von Theologen und Dichtern geäußert wurde, ist der Mikrokosmos ebenso ganzheitlich und in sich vollendet wie auch
die große Welt. Man stellte sich den Mikrokosmos in Form
eines Menschen vor, der nur im Rahmen des Parallelismus
‚kleines' und ‚großes' Weltall verstanden werden kann. Dieses Thema, welches sowohl dem alten Osten als auch im antiken Griechenland bekannt war, erfreute sich im mittelalterlichen Europa, insbesondere seit dem 12. Jahrhundert, einer
großen Popularität: Die Elemente des menschlichen Organis-
mus sind mit den Elementen, die das Weltall bilden, iden-
tisch. Der Leib des Menschen besteht aus Erde, das Blut aus
Wasser, der Atem aus Luft und die Wärme aus Feuer. Jeder
Teil des menschlichen Körpers entspricht einem Teil des Weltalls: der Kopf dem Himmel, die Brust der Luft, der Bauch
dem Meer, die Beine der Erde, die Knochen den Steinen, die
Adern den Zweigen, die Haare dem Gras und die Gefühle den
Tieren. Dennoch verbindet den Menschen nicht nur die Ge-
meinsamkeit der sie bildenden Elemente mit der übrigen Welt.
Für die Beschreibung der Ordnung des Makro- und Mikrokosmos wurde im Mittelalter ein und dasselbe grundlegende
Schema benutzt: das Gesetz der Schöpfung sah man in der
Analogie. Das Bestreben, die Welt als eine Einheit zu erfassen, zieht sich durch alle mittelalterlichen ‚Summen', Enzy-
klopädien und Etymologien. Sie untersuchen folglich alles,
angefangen von Gott, der Bibel und Liturgie bis zu den Menschen, Tieren und Pflanzen, und schließlich auch die Küchen-
dinge sowie die Methoden, Ochsen einzuspannen und die
Erde zu pflügen" (*Gurjewitsch,* 1980: 58).

Wesentlich stärker als an der Astrologie war Bacon zeit
seines Lebens an der operativen und spekulativen Alchimie
mitsamt ihren Denkspielen auf der Schwelle zwischen Theorie und Praxis interessiert, obgleich die Aussagen im Haupt-

werk eher dürftig zu nennen sind. Andere Arbeiten gehen
allerdings über Anspielungen hinaus. Das Erscheinen eines
Kometen im Jahr 1264 sieht Bacon mit dem Ausbruch von
Kriegen in England, Italien und Spanien verbunden. Die
menschliche Seele kann edler als mancher Stern sein. Sie
kann eine geradezu magische Faszination ausstrahlen, wenn
sie an charismatische und wortgewaltige Persönlichkeiten
gebunden ist. Im positiven Sinne sind dies beispielsweise
Heilige, im schlechten sind es Verführer und Blender wie die
Anstifter zum Hirten- und Kinderkreuzzug in der ersten Hälfte
des 13. Jahrhunderts. Die geistlichen Führer müssen sich mehr
um die Randerscheinungen und die marginalen Phänomene
in der Kirche kümmern, sonst können sie auf die hauptsäch-
lichen Anforderungen nicht angemessen reagieren. Die inneren und äußeren Feinde müssen sorgsam im Auge behalten werden, plädoyiert Bacon in seiner Denkschrift.

Der fünfte Teil des umfangreichen Werkes beschäftigt sich
nach der induktiven Methode mit der Optik und einer Theorie des Sehvorgangs und des Augenlichts. Nicht immer folgt
Bacon der richtigen Spur, obgleich er interessante Ausführungen zur Wahrnehmungspsychologie entfaltet. „Eigenar-
tig ist seine Theorie vom Sehvorgang. Wie vor ihm Platon,
nimmt er an, daß das Auge beim Sehen einen Strahl entsen-
de, um die Gegenstände zu erfassen, einen Fühlstrahl, der sie
einfängt und dem Auge das Bild zurückgibt. Allerdings hält
er diesen Ausfluß nicht für eine materielle, sondern für eine
‚beseelte' Spezies" (*Bauer*, 1963: 132).

Natürlich referiert Bacon auch die gegenteilige Ansicht,
wonach die Augen nichts nach außen entsenden, sondern
eher nach innen aufnehmen. Die Leuchtkraft der Farben soll
neben vielen anderen Umständen großen Einfluß auf das Sehen ausüben. Zudem gilt auch noch die alte Sentenz: „Die
Sonne bedarf des Auges, um zu leuchten."

Bemerkenswert ist Bacons auf Empedokles und nicht auf
Aristoteles gestützte Bemerkung, daß der Gang des Lichtes
Zeit erfordert. Eifrig spürt Bacon der Lichtvervielfältigung

und -brechung nach. Ausführlich werden die Konstruktion und die Wirkweisen von sieben Arten Spiegeln und Brenngläsern erörtert. Der Franziskaner bevorzugt Spiegel aus Erz, Stahl, Silber oder mit Blei hinterlegtem Glas, die alle in der Anschaffung oder Herstellung viel Geld kosten. Bitter beklagt Bacon den Mangel an teuren Hilfsmitteln für eine gebotene nähere Beschäftigung mit den Phänomenen der Optik. Immer wieder betont er in seiner längst nicht mehr scholastisch ausgerichteten Argumentation die Wichtigkeit von Beobachtung unter allerdings selten näher definierten Versuchsbedingungen.

Aussagen wie die vorangegangene bilden den Übergang zu Teil 6 über die Experimentalwissenschaft. Die von Bacon seit jeher so gepriesene „scientia experimentalis" beruht auf Erfahrung und Beobachtung als versuchsabhängige Erkenntnisgrundlagen. Der sechste Teil zeigt Bacon als originellen Vordenker einer um Systematik bemühten Methodologie, wiewohl es natürlich zu allen Zeiten Befürworter und Praktiker von Versuchsstudien gegeben hat. So wußte beispielsweise selbst Papst Johannes XXI. (1276–77) den Wert der experimentell gewonnenen Einsichten durchaus zu schätzen. Dieser Papst sorgte für die Abfassung eines Werkes mit dem Titel *Via experimenti*, das sogar seinen Namen trug.

Bacon fordert, daß praktische Experimente ebenso wie die Argumente theoretischer Denkspiele Teil der Philosophie sein müssen. Dies war auch ganz im Sinne des Naturbeobachters und gelehrten Mönches Albertus Magnus, der Bacon als einen Konkurrenten betrachtete.

Ein Problem barg der Umstand, daß sich theoretisch auf naturphilosophischer Grundlage manches durchdenken ließ, was aus praktischen Gründen mangels technischer Ausrüstung nicht weiter verfolgt werden konnte. Trotzdem führt der bescheidene Rahmen experimentalwissenschaftlicher Anwendungen dazu, natürliche Zusammenhänge auch naturwissenschaftlich zu verstehen und nicht mehr als dämonisch, gefährlich oder unnatürlich verursacht fehlzuinterpretieren.

Im Ringen um eine experimentell ausgerichtete Naturphilosophie brachte Bacon immer wieder den Geist der Mathematik ins Denkspiel, so wie es Jahrhunderte später Descartes tun und Bacons berühmter Namensvetter, Sir Francis Bacon, Baron of Verulam, unterlassen sollte. Auch Descartes bemühte sich um eine experimentelle Überprüfung dessen, was mathematische Ableitungen zuvor theoretisch suggeriert hatten. Ein Mensch, der gelesen hat, daß Feuer brennt, wird sich nicht mit dieser Behauptung zufriedengeben können. Gewißheit wird er erst erlangen, wenn er sich am eigenen Leib verbrannt hat. Was man genau wissen will, muß man selbst zu erfahren suchen. Beobachtung aus erster Hand kann überprüft werden und ist deshalb durch nichts zu ersetzen, lautet Roger Bacons gegen die vorherrschenden Denkströmungen seiner Zeit gerichtetes Fazit und Plädoyer für das empirisch abgesicherte Wissen. Zu loben weiß Bacon neben der spirituellen Illumination auch noch die Inspiration, die er für einen Zustand der Nähe zur göttlichen Gnade hält.

Nach den Ausführungen über Philologie, Mathematik und Experimentalwissenschaft stehen die ethischen Grundlagen einer Moralphilosophie im Zentrum des siebten, den Druckausgaben nachträglich von John Henry Bridges hinzugefügten Teils. Bacon erörtert die Anforderungen des Menschen an sich selbst, an seinen Nächsten und die Beziehungen des moralischen Wesens Mensch zu Gott. Moralphilosophie steht im Kern der Theologie recht nahe. Es folgen Ausführungen über die Trinität Gottes, das befürchtete Kommen des Antichristen und philosophiegeschichtliche Begründungen für die Annahme einer Unsterblichkeit der Seele. Nach der aristotelischen Ethik liegt wahres Glück im Ablegen irdischer Lasten als Grundvoraussetzung für spirituelle Erleuchtung.

Staatspolitische Fragen und Probleme der Rechtsprechung werden angeschnitten, bevor sich Bacon ausführlich den ethischen Problemen des Menschen als „soziales Tier" und tugendhaftes Wesen zuwendet. Erneut wandelt er auf dem Pfad des Aristoteles und gibt dessen Tugendlehre wieder, ergänzt

um die Erkenntnisse anderer, überwiegend vorchristlicher
Denker. Gleich Algazel glaubt auch Bacon, daß ungezügelte
Laster an der Seele nagen, wie Rost an einem Spiegel frißt,
und Einsichten in höhere Wahrheiten behindern. Sünden-
verfallenheit aus Mangel an Einsicht oder wider besseres
Wissen blendet die Seele und vereitelt ihren Aufstieg in höhere Gefilde. Eine Aufzählung der sieben Todsünden, Stolz,
Unkeuschheit, Neid, Haß, Trägheit, Habgier, Geiz, darf in diesem Zusammenhang der mittelalterlichen Lasterschelte na-
turgemäß nicht fehlen. Besonders schädlich für das soziale
Leben ist der Zorn. Wer im Zorn handelt, geht im Sturm unter Segel und erleidet früher oder später Schiffbruch. Un-
glück und Leid sind die unausweichlichen Wegbegleiter des
Menschen. Im besten Falle ist das Leben eine unsichere Angelegenheit beziehungsweise eine stürmisch verlaufende Reise, die trotz aller Heilsgewißheit auf den Tod als Zielhafen
hinausläuft. Bescheidenheit, Empfindsamkeit, Mitleid, Selbstbeschränkung, Demut, Verachtung von Geld und Reichtum
werden als die Eigenbalance stabilisierende Tugenden der
Weisen apostrophiert. Selbstüberwindung war das erklärte
Ziel von Demokrit, Xenophon, Diogenes und Heraklit. Tu-
gendhafte Menschen begehren nichts, haben nichts zu verlieren und nehmen deshalb ihr Schicksal willig auf sich. Dank
ihres stoischen Gleichmutes werden sie geläutert wie von
Schlacke befreites Gold im Schmelzofen. Alles Streben nach
irdischem Glück bleibt Torheit. Die nach Reichtum streben-
den Leute sind eigentlich Bettler und schlimmer als Bettler,
zumal solche wenig fordern, sie aber alles zu haben verlangen. Im Streben nach großem Wohlstand liegt die Gefahr
großer Selbstversklavung. Das Leben selbst ist nur geliehen,
es lohnt sich also nicht, nach Selbsterhöhung zu streben, in
welcher Form auch immer.

Prinzipiell lohnen kann sich nur das Streben nach Gemüts-
ruhe, Geistesfreiheit und Weisheit. Paradoxerweise wünscht
sich der Mensch Glück trotz seines Wissens, dies auf Erden
nicht finden zu können. Der Mensch ist schwach, aber form-

bar. Ein tugendhaftes Leben jenseits von Illusion und Selbst-
blendung kann Freude bereiten, meint Bacon. Um Weisheit
muß man ringen, denn sie ist keineswegs wie eine faule Frucht,
die einem ungepflückt einfach in den Schoß fällt. Man muß
seinen Kurs überprüfen, will man herausfinden, ob man sich
noch auf dem richtigen Weg befindet. Da der Weise nach
Ausgleich zu streben hat, nützt sein öffentliches Auftreten
und Vermitteln in einer von Konflikten gebeutelten Gesellschaft dem Bürger. Niemand lebt für sich allein, alle sind
allen im Dienst für den Ausbau und Erhalt des Gemeinwohls
verpflichtet. Deshalb darf die Allgemeinheit keine Tyrannen
oder Leute dulden, die ihre Macht mißbrauchen. Dieser Teil
enthält lange wortwörtliche Auszüge der Dialogschriften des
Philosophen Seneca, nach denen Bacon 20 Jahre lang ge-
sucht hatte. Auszüge von Bacons eigener Schrift über die
Grundlagen der Metaphysik sind hier gleichfalls angeführt.

Neben unnützen oder üblen Gewohnheiten schadet einem
Gemeinwesen nichts so wie die skrupellose Jagd nach Gold
und Geld. Vom unnützen Reichtum angewidert wählte der
Philosoph Diogenes freiwillig die Armut. Fortan lebte er in
einem leeren Weinfaß, dem Zeichen seines seltsamen
Grenzgängertums. Verwirrt über den Sinneswandel seines vor-
mals reichen Herrn, beschloß der einzige Diener des Diogenes, seinen Gebieter bald zu verlassen. Nachdenklich kratzte
sich der Philosoph in der Tonne am Ohr und meinte voll
Einsicht über die Unausweichlichkeit der Dinge: „Wenn der
Diener ohne mich auszukommen gedenkt, dann werde ich
ganz sicher auch ohne ihn zurechtkommen."

Bei aller Selbstbeschränkung in relativer Wunschlosigkeit
sind jedoch auch Zeitspannen der Erholung und Rekreation
nötig. Für viele Heilige war diese Einsicht ein wichtiger An-
gelpunkt im eigenen Leben. Alles, was den Geist anregt, Musik,
Meditation, gelegentliche Ortswechsel und Wein in Maßen
etc. ist gut und fördert die Entspannung.

Abschließend bringt Bacon als origineller Denker seine Meinung über moralphilosophische Aspekte der christlichen Re-

ligion zum Ausdruck, deren moraldidaktisches Fundament
er mit den religiösen Grundlagen anderer Kulturen vergleicht.
Natürlich wird die Überlegenheit des christlichen Glaubens,
als Ausdruck einer Hoffnung auf ein besseres Jenseits, über
alle anderen Religionen betont, wiewohl Bacon um eine Ty-
pologie religionsethnologisch relevanter Phänomene im Ansatz bemüht ist. Wieder drängt Bacon den Papst in dessen
Eigenschaft als spirituelles Oberhaupt der Kirche darauf, sich
mit Nachdruck für eine Reinhaltung des ursprünglichen Bibel-
textes stark zu machen.

Als Befürworter einer möglichst universal ausgerichteten
Bildung plädiert Bacon für die Aufnahme von Elementen der
arabischen Philosophie und der philosophischen Hinterlas-
senschaft der Antike ins christliche Bildungsgut. Naturphilosophie, mosaisches Gesetz und griechischer Intellekt zusam-
mengenommen können den kirchlichen Ausbildungsbereich
aufwerten und begabten Vertretern der Geistlichkeit zu neu-
em Ansehen verhelfen.

Bacon hat eine für seine Zeit sehr gewagte Wissenschafts-
synthese betrieben und gefordert, die von späteren Vertretern der franziskanischen Schule wie Duns Scotus und William
of Ockham in produktiver Erweiterung aufgegriffen wurde.
Ockham ist einer der großen Logiker und der federführende,
gegen die Macht des Papsttums eingestellte, politische Theoretiker des Mittelalters. Wie Bacon vor ihm hatte auch Bruder
William über lange Spannen seines Lebens (ca. 1285 – ca. 1347)
gegen Nachstellungen, Inhaftierungsdrohungen und Bevormun-
dungen zu kämpfen. Berühmtheit über Jahrhunderte erlangte
das „Ockhamsche Rasiermesser" als erkenntnistheoretische Forderung nach einer Minimierung von Erklärungsprinzipien und
grundlegendes „Rationalitätskriterium und methodisches Prinzip der Ockhamschen nominalistischen Philosophie. Es wurde von William von Ockham in folgenden Formulierungen
ausgedrückt: ‚eine Vielheit ist nur anzunehmen, wenn es not-
wendig ist'; ‚es ist ohne Zweck, was durch vieles zustande
kommt, aber durch weniger zustande kommen kann'. Dieses

+) Schopenhauer
) Einl. zu "Ü. d. 4-fache T d. S. v. zur Grundl"

Prinzip wurde in der Naturphilosophie gegen die Neuplatonischen Hypostasierungen von Qualitäten und Verhaltens-
weisen der Dinge zu selbständigen Wesenheiten eingesetzt.
Es entspricht dem Wesen des Ockhamschen Nominalismus,
der eine rationale, sprach- und methodenbewußte Erklärung
der Welt vermittels eines Minimums von Erklärungsgründen
anstrebt" (*Wöhler,* 1990: 159).

Der Erneuerer des Nomina-
lismus, Ockham, arbeitete
auch als Professor in Oxford
auf den Gebieten Sprach- und
Naturphilosophie, Erkennt-
nistheorie, Logik, Staatskun-
de und Gesellschaftslehre. Wegen der Abfassung einer Reihe
kirchenkritischer und staats-
politischer Schriften wurde der
Franziskaner Ockham als Un-
terstützer der fundamenta-
listischen Spiritualenpartei ex-
kommuniziert, ohne daß er
sich zum Schweigen bringen
ließ.

William von Ockham,
Handzeichnung
aus dem Jahre 1341

Um herauszufinden, wie
und was die Dinge sind, muß
man per Experiment beob-
achten, wie sie im Kontext ihrer Erscheinungen auftreten und
wirken. Als Logiker interessierte Ockham sich wie Bacon für
innersprachliche Beziehungen und die Rolle von Zeichen bei
der menschlichen Verständigung. Wie Bacon war auch bei
Ockham theologische und philosophische Arbeit, Theorie und
empirisch ausgerichtete Praxis eng verknüpft. Die Freiheit
des Denkens zwischen religiösen Bewußtseinsinhalten und
weltlich-politischen Anforderungen der Daseinsgestaltung
war beiden, auf verschiedenen Wegen um eine Reformierung
der Kirche bemühten Männern wichtig, mochte sie auch bei

zeitgenössischen Kritikern noch soviel Widerspruch und Repression herausfordern. Als Ketzer wird man nicht geboren, zum Ketzer wird man gemacht.

KAPITEL VII

Enttäuschungen und letzte Jahre des „wunderbaren Doktors"

Gespannt wartete Bacon auf ein Schreiben des Papstes, doch blieb die erhoffte Antwort des Kirchenführers aus. Monate vergingen, in denen Bacon Schwierigkeiten hatte, den Zustand der inneren Anspannung noch länger zu ertragen. Im Jahr 1268 erreichte ihn eine bittere Kunde: in Rom war sein Schutzpatron, der Reformpapst Clemens IV, auf den nicht nur Bacon allein große Hoffnung beim Eintreten für eine allgemeine Erneuerung gesetzt hatte, ganz plötzlich gestorben. Der Schock über das Hinscheiden des vermeintlichen „Engelpapstes" hätte kaum größer sein können. Nach dem Erhalt der Hiobsbotschaft aus Rom war Bacon am Boden zerstört. Fulcodis kurze Amtszeit hatte nicht ausgereicht, um umfassende Reformen durchzusetzen. Ein utopischer Traum war ausgeträumt. „Kuriosum der Weltgeschichte: Ein kleiner Mönch erhofft von dem mächtigsten Manne seiner Zeit, vom Haupt der Christenheit, er werde ihn aus seiner Bedeutungslosigkeit herausreißen und steil in die Höhe tragen – aber die Vorzeichen verkehren sich: der gequälte Franziskaner steigt in den Jahrhunderten, die folgen, aus eigenem Glanz zum Ruhm empor und schleppt den Namen des vermeintlichen Protektors hinter sich her" (*Bauer,* 1963: 167).

Fulcodis Tod hat Roger Bacon einen dicken Schlußstrich durch die Rechnung gemacht, und so braucht er das soeben beendete *Opus tertium* nicht mehr an den päpstlichen Hof nach Rom zu schicken. Die Enttäuschung über die offenkundige Vergeblichkeit seiner Anstrengungen schmerzt Bacon sehr, zudem sich nach dem in Rom anbrechenden Interregnum eine Wiederbelebung des alten Kurses mitsamt einer weiteren Verhärtung der Zustände abzeichnet.

Es dauert nicht lange, bis Bacon unmißverständlich klar wird, daß man beabsichtigt, ihm erneut Steine in den Weg zu rollen, obwohl er inzwischen auf Betreiben von Papst Clemens IV. aus der Haft entlassen worden war. Bacon wendet sich gegen eine Mißachtung der Wissenschaften durch Ignoranz und muß am eigenen Leib verspüren, wie scharf und heftig ihm der Gegenwind ins Gesicht weht. Als Tebaldo Visconti, Bischof von Lüttich, im Jahre 1271 unter dem Namen Gregor X. Papst wird, verfliegen bald alle Zweifel hinsichtlich der Frage, ob der neue Mann in Rom sich als Förderer der Wissenschaften und Künste zu erkennen geben würde. Dies ist ganz klar nicht der Fall.

Nach seiner Entlassung aus der Klosterhaft reist Bacon nach Oxford, wo er als neoplatonisch angehauchter Aristoteliker einen Kommentar zu dem pseudo-aristotelischen Text *Secretum secretorum* beendet. Dieses vom Orient nach Zentraleuropa gekommene Werk übte einen großen Einfluß auf Gelehrte aller Schattierungen aus, hielt man es doch für den esoterischen Teil von Aristoteles Lehren.

Mit dem *Compendium studii philosophiae* beginnt Bacon in Oxford ein neues Werk, das die politischen Torheiten und moralischen Schwächen seiner Zeit geißelt und besonders gegen die Korruption in Kirche und Staat gerichtet ist. Die Zeitklage fällt an vielen Stellen des Werkes recht bitter aus, kommt hier Bacons scharfer agressiver Stil zum tragen: „Fürsten, Barone, Reisige drücken und plündern sich gegenseitig und richten das ihnen untertänige Volk durch Krieg und endlose Steuern zugrunde. In den Herzogtümern und Königreichen geht man jetzt nur auf Vergrößerungen aus. Jeder denkt einzig daran, seine Pläne durchzusetzen, und er fragt nicht nach den Mitteln, die er anwendet. Dabei dienen diese Menschen dem Bauche und den fleischlichen Lüsten und aller Bosheit der übrigen Sünden. Das Volk aber wird durch dieses Gebaren der Großen aufgereizt. Es haßt sie und bricht ihnen die Treue. Gleichzeitig werden die Kleinen durch das schlimme Beispiel der Großen verdorben und treiben es nicht besser als ihre bösen Beispiele: Sie hintergehen und betrügen sich, sind der Genußsucht und anderen Lastern verfallen. Neid, Mißgunst und maßlose Falschheit herrschen" (deutsch zitiert nach *Bauer,* 1963: 169 f).

Autorität erwirbt nur der, der Vernunft walten läßt. Vernunft erlangt man durch Erfahrung, lautet Bacons ins positive gewendete Credo für die Wirkmächtigkeit von Erkenntnis und wider die mit scharfer Zunge gegeißelten Zeiterscheinungen. Positiv beurteilt er auch in diesem Werk Alchimie, Botanik und Zoologie. Ein Plädoyer für die Entwicklung und Förderung einer Universalwissenschaft darf natürlich ebenfalls nicht fehlen. Der Text enthält auch eine herbe Juristenschelte, zumal dem streitbaren Franziskaner gerade die hochnäsigen Kirchenjuristen ein Dorn im Auge waren.

Wie Bacon zu behaupten, daß Ciceros oder Senecas Moralauffassungen besser als manche christliche wären, konnte einen bei dogmatisch denkenden Theologen schnell in den Ruf der Ketzerei bringen oder zu Schlimmeren führen. Bacon mußte sich überdies den stereotyp wiederholten Vorwurf gefallen lassen, daß sein Forschen, Schreiben und Tun der Profanisierung und Entwertung heiliger Bereiche Vorschub leisten würde.

Roger Bacons persönliche Weltsicht nahm immer pessimistischere Züge an, und so konnte er 1271 „am Gipfelpunkt einer dynamischen Periode" behaupten: „Mehr Sünde herrscht in diesen Tagen denn in irgendeinem Zeitalter der Vergangenheit, ... die Gerechtigkeit geht unter, aller Friede ist zerbrochen" (*Tuchman,* 1980: 459).

Gemäß seiner Vorliebe für Sprachen verfaßt Bacon Abhandlungen über die Grammatik der griechischen und hebräischen Sprache. Über den Bildungsstand seiner Zeitgenossen, einschließlich des Niveaus einiger Kirchenführer, zeigt sich Bacon nicht gerade begeistert. Als geradezu niederschmetternd muß er eine Unterredung mit dem Bischof „Hermann der Deutsche" empfunden haben: „Als ich ihn nach einigen Werken über Logik fragte, deren Titel er aus dem

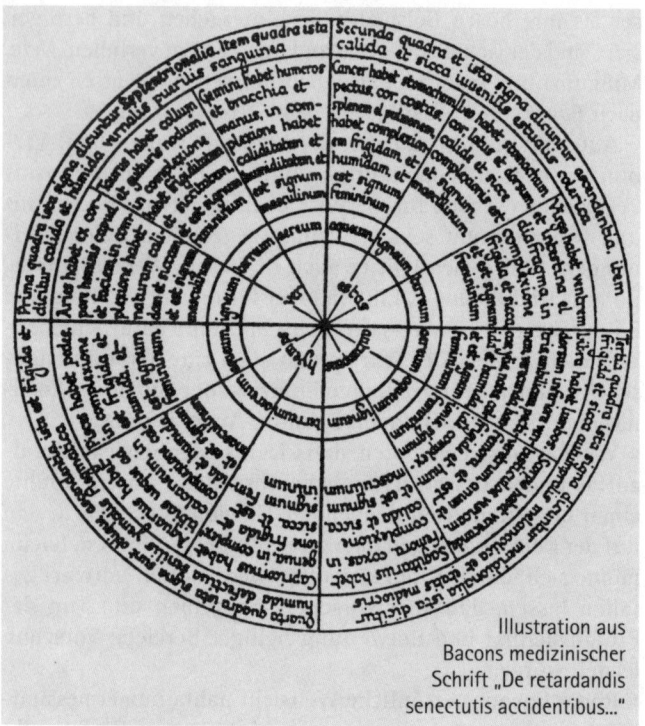

Illustration aus
Bacons medizinischer
Schrift „De retardandis
senectutis accidentibus..."

Arabischen übersetzen sollte, gestand er mir rundheraus,
nichts von Logik zu verstehen, und deshalb gäbe es für ihn
auch keinen Anlaß, für irgendwelche Übersetzungen Sorge
zu tragen. Von Logik war er völlig unbeleckt, so wie er auch
von anderen Wissenszweigen, deren Beherrschung ihm wohl
zu Gesicht gestanden haben sollte, nichts verstand. Arabisch
war ihm völlig fremd, wie er bekannte..." (ins Deutsche übersetzt nach *Smith/Little,* 1914: 185).

Scharlatane und schwachbegabte Zeitgenossen geben sich
in ihrer prahlerischen Ruhmsucht häufig als große Gelehrte
aus. Als ungebildeten Tropf stellt Bacon sogar den Hofkaplan
von Papst Clemens IV. und von dessen Nachfolger Gregor X.

hin. Wilhelm von Moerbecke sei ein miserabler Übersetzer, der als Guilielmus Brabantus oder Flemingus die Philosophie der alten Lateiner verwässert, getrübt und verfälscht habe. An anderer Stelle wird dem Flamen, den Bacon auch als Rivalen um die Gunst des Papstes empfunden haben mag, das zweifelhafte Kompliment „Meister der Ignoranten" an den Kopf geworfen. Kritische Bemerkungen fallen im *Opus tertium* und im *Compendium studii philosophiae* auch über die Defizite zeitgenössischer „großer Gelehrter", mit denen auch Albertus Magnus oder Thomas von Aquin gemeint sein könnten. Die Wucht der harten Urteile fällt auch auf ihren ungestümen Urheber zurück, der seine Verbitterung mit Anflügen von Angriffslust zu mischen wußte.

Im Jahr 1276 schrieb der bereits in fortgeschrittenem Alter stehende Bacon ein medizinisches Traktat über die Verlangsamung des Alterungsprozesses nieder, das 1590 auszugsweise in Oxford gedruckt wurde unter dem Titel *Libellus Rogerii Baconi Angli, Doctissimi Mathematici et medici, De retardandis senectutis accidentibus et de sensibus conservandis/with another treatise/affixis ad marginem notulis illustratus et emendatus... opera Johannis Williams Oxoniensis...Oxoniae.* Als Herausgeber fungierte der damalige Kanzler der Universität Oxford, John Williams, ein in Gelehrtenkreisen hochgeachteter Mann. Seine Edition wurde von Richard Browne unter dem Titel *The cure of Old Age and Preservation of Youth by Roger Bacon a Franciscan Friar* in die englische Sprache übersetzt und 1683 in London herausgegeben. Bereits 1547 hatte ein gewisser Michael Securis oder Hatchett eine Abhandlung über Bacons medizinische Manuskripte verfaßt und damit die Aufmerksamkeit der Gelehrtenwelt auf den Mönch aus Oxford als Chronisten der Arzneikunde gelenkt.

Nach Auffassung des Franziskaners kann zur Ausräumung von Zweifelsfragen nur der experimentelle Weg Sicherheit bringen. Rosmarin, Schlangenfleisch und einige andere Substanzen mit okkulten Qualitäten sollen die Kraft der Jugend zu bewahren helfen. Obwohl selbst kein praktizierender Arzt, unterzog Bacon einige ideengeschichtliche Grundlagen der zeitgenössischen Medizin in den Traktaten *De graduatione medicinarum (or rerum) compositarum* und *Tractatus de erroribus medicorum* einer heftigen Kritik, ohne jedoch, wie später Paracelsus oder van Helmont, alles Überkommene zugunsten eines ganz neuen Ansatzes verwerfen zu wollen. Vor allem im letztgenannten Text bezifferte er die Irrtümer der Medizin in grundlegenden Annahmen und Bereichen auf nicht weniger als 63. Die Nachfolger der salernitanischen Tradition werden als „Latino-Barbari" oder „vulgus medicorum" ohne Kenntnisse der griechischen Sprache oder der arabischen Medizin vorgestellt. Interessant sind Bacons Andeutungen zu den Spielarten der „Medicina magica" auf alchimistischer Basis, zeigen sie doch, daß Bacon auch im Alter der Alchimie immer noch Interesse entgegenbrachte. Zu erwähnen bleibt zudem, daß Bacon von den drei Möglichkeiten der Wissensgewinnung Autorität, Denken und Experimentieren hier nur die dritte Komponente als effektiv pries.

Medizinischen Fortschritt glaubte Bacon vor allem dort zu erspähen, wo Alchimie und „scientia experimentalis" ihren Einfluß auf die Arzneikunst geltend machen konnten. Dies galt vor allem für die arabische Medizin, und Bacons arabistische Vorliebe brach sich wieder einmal im Lob des berühmten Arztes und Philosophen Avicenna (980 - 1037) Bahn, der durch seine Erfahrungen mit Alchimie Galens irrtümliche Auffassung von der Substanz der Säfte korrigiert hatte. Bacon schätzte Avicenna vor allem auch als Übermittler griechischen Denkens an die Gelehrten des Okzidents. Der Arzt Rhazes darf im Text den Ehrentitel „Experimentator" tragen. „Das Leben ist kurz – nur die Kunst ist von Dauer", notierte Bacon einen antiken Aphorismus.[*] Mittlerweile ein alter Mann geworden, verspricht er sich persönlich keine große Zukunft mehr. Trotzdem geht er weiter seinen Studien nach und trägt sich mit dem Gedanken, ein neues enzyklopädisch angelegtes Werk über Philosophie und Wissenschaft im Stil des *Opus maius* niederzuschreiben.

[*] Hippokrates

Am 7. März 1277 läßt der ehemalige Kanzler der Pariser Universität und damalige Bischof der Stadt an der Seine, Etienne Tempier, über 200 philosophische Meinungen fortschrittlicher Gelehrter und Universitätsangehöriger als ketzerisch verwerfen. Die Studenten sollen keine gefährlichen Irrtümer und Häresien mehr diskutieren dürfen. Auch die Astrologie, die Bacon gelegentlich verteidigt hat, soll aus der Gelehrtenkultur ausgegrenzt werden. Unter den in den Topf der Mißachtung geworfenen Neuerern und vermeintlichen Unruhestiftern befinden sich auch Bacon und Thomas von Aquin.

Nach dem Tod des Bonaventura stand Jérome de Ascoli dem Franziskanerorden vor. Auf Geheiß des 1277 zum Papst gewählten Nikolaus III. befand sich der Kirchendiplomat Ascoli mehrere Jahre in Frankreich, um Frieden zwischen König Philipp III. und Alphonso X. von Castilien zu stiften. Zudem wollte er für eine Beilegung der ewigen Streitereien zwischen Franziskanern und Dominikanern Sorge tragen. 1279 reiste Ascoli nach Paris, wo er einige aufmüpfige Mönche mit harter Hand zu disziplinieren gedachte. Ascoli hatte sich geschworen, alle dem Fluß der reinen Lehre an den Universitäten hinderlichen „Irrtümer" auszumerzen; deshalb läßt er ein Generalkapitel zur Ordensdisziplin abhalten, das Neuerer, Abweichler und unruhige Geister wie die Spiritualen und ihre versteckten Anhänger in die Schranken weisen soll. Um seine Autorität demonstrativ unter Beweis zu stellen, läßt Ascoli nach dem Eingang einiger Denunziationen mehrere Mönche zu Klosterhaft verurteilen, darunter auch, bereits zum zweiten Mal, Roger Bacon wegen des Versuchs, nicht näher ausgeführte „verdächtige Neuerungen" verbreiten zu wollen.

Der feurige Franziskaner Bacon sieht sich erneut schlecht behandelt und schäumt über vor Wut. Nicht sein eigenes Betragen, sondern die Verurteilung und der ungerechte Richter seien verdammenswert, mahnt Bacon in einem Protestschreiben an Papst Nikolaus. Andere Mitglieder des Ordens setzen sich für ihn ein und beklagen die offensichtliche Willkür des Verfahrens. Doch fruchten die Proteste nicht und die Eingaben bleiben unbeantwortet. Zerknirscht muß Bacon seine zweite Klosterhaft antreten.

Erneut hat die Kirchenobrigkeit Bacons schriftstellerische Bewegungsfreiheit stark eingeschränkt. Trotzdem ist einem unbeugsamen Pioniergeist wie Bacon bewußt, daß man Gedanken nicht einsperren kann. Der wiederholt gemaßregelte Mönch ahnt zu diesem Zeitpunkt noch nicht, daß er noch länger als ein Jahrzehnt auf seine Freilassung zu warten hat. Bacons starker Unabhängigkeitsdrang war erst einmal eingeschränkt.

Im Laufe der Jahre gibt es zunächst keine Anzeichen für einen Wandel in der restriktiven Politik der Kirche. 1288 wird Bacons alter Feind und Ordensbruder Jérome de Ascoli zum Papst gewählt. Unter dem Namen Nikolaus IV. führt dieser erbitterte Gegner der spiritualistischen Richtung ein strenges, auf die Einhaltung von Disziplin bedachtes Regiment. Nachhaltig versucht er den weltlichen Einfluß auf die Orden zu beschränken. Neue Querelen innerhalb des ewigen Kirchenstreites um den richtigen Weg, den Zweck und die Mittel bringt die Wahl des Papstgegners Raymond de Gaufredi zum General der Franziskaner mit sich.

Der neue Ordensvorsteher besaß eine sanfte, auf Ausgleich bedachte Gemütsart und vertrat die Ansicht, man müsse den Idealen des Ordensgründers wieder ein Stück näher kommen. Sein Kurs war auf die Versöhnung der vielen gegensätzlichen Positionen innerhalb des Ordens ausgerichtet. Beim Papst stieß er mit diesen Vorgaben auf wenig Gegenliebe, und so kam es schon bald zu einer Kraftprobe zwischen den Kontrahenten, die der neue Ordensgeneral relativ unbeschadet überstand.

Raymond de Gaufredi bereist die Provinzen und entläßt viele wegen Sympathien für die Spiritualen inhaftierte Mönche gegen das Versprechen, sich strenger an die Ordensregeln zu halten. Unter den freigelassenen Männern sind auch Roger Bacon sowie Angelo von Clareno und seine Gesinnungsgenossen, die, um weitere Konflikte zu vermeiden, als

Missionare in die Ferne ziehen und die Armenier mit viel Ausdauer zur Annahme des Christentums bewegen.

NB

Endlich wieder in Freiheit beschließt der inzwischen sechsundsiebzigjährige Bacon, Frankreich sofort zu verlassen. In aller Ruhe reist er 1290 nach England, wo 1272 Eduard I. als Sohn des unglücklichen Heinrichs III. den Thron bestiegen hat.

Im Jahre 1290 entschließt sich König Eduard I. überraschend zu einem weiteren Kreuzzug. Um „richtige Kreuzzugsstimmung" in England aufkommen zu lassen, sorgt er für die Tyrannisierung der jüdischen Bevölkerung, die während antisemitischer Ausschreitungen unter Beschlagnahme von Geld und Gut teilweise verjagt wird. Dabei kommt es zu blutigen Übergriffen, die Roger Bacon als „gottlose Freveltaten" verurteilt. Auch am Ende seines langen Lebens steht die scheinbar unausrottbare Kreuzzugstorheit immer noch in unerwünschter Blüte.

In Oxford empfängt man den mittlerweile zu Ruhm gelangten Bruder Roger mit offenen Armen und Respekt. Erstaunlicherweise ist ihm trotz der vielen Strapazen und Widrigkeiten auch im hohen Alter die Schreiblust keineswegs vergangen. Beherzt greift er wieder zur Feder, um 1292 ein ungewöhnliches, semiotisch ausgerichtetes Werk[3] als Kritik des theologischen Studiums niederzuschreiben.

Die Fragment gebliebene Arbeit *Compendium studii theologiae* ist zunächst ein Plädoyer für die Reorganisation der Grundlagen christlichen Lernens. Unwissenheit schadet nur. Die Unkenntnis biblischer Sprachen und der wichtigsten Wissenschaften verhindert oder erschwert den Zugang zur Theologie. Ähnlich wie bereits im *Opus maius* führt Bacon auch in seinem letzten Werk Gründe für die menschliche Ignoranz und Irrtumsverfallenheit an. Für das Studium der Theologie sind alle Wissenschaften bedeutsam und von Nutzen.

---

3 Vgl. zu den semiotischen Aspekten der Schrift ausführlich das nächste Kapitel „Der Meister der Zeichen – Bacon als Semiotiker".

Die Anwendung des Logos und der experimentell ausgerichteten Naturphilosophie können zur Entfaltung der christlichen Metaphysik beitragen. „Theologie ist für Roger Bacon die Königin der Wissenschaften, die aber mit der Philosophie ihre gleichsam spiegelbildliche Ergänzung hat, so daß die Christen in der Theologie Philosophisches und Theologisches in der Philosophie finden. Insbesondere ist die Moralphilosophie das Ziel aller spekulativen Philosophie – so war es schon bei den Alten –, während eben jene bei den christlichen Denkern Theologie wird und ist. Die Zurückführung aller Theologie auf Moralphilosophie beziehungsweise umgekehrt aller Moralphilosophie auf Theologie ist ein Baconischer Grundsatz" (*Heck,* 1957: 106).

[handschriftliche Randnotiz: Nein (Aristoteles)]

Unter dem Mantel des Reformstrebens übt Bacon auch in diesem Werk im Rahmen seiner polemischen Wunschapokalyptik wieder bittere Zeitkritik. Die Gelegenheit dazu war günstig nach dem Tod von Ascoli alias Papst Nikolaus IV. am 4. April 1292. Das Fragment wäre kein echter Bacon-Text, wenn es nicht auch wütende Ausfälle gegen zeitgenössische Gelehrte wie Robert of Cornwall enthielte, den Bacon ungeschminkt der Dummheit zeiht. Bacons Befreier aus dem klösterlichen Hausarrest, Raymond de Gaufredi, war auf seinem Reformkurs in unruhiges Fahrwasser geraten und mußte sich inzwischen seinerseits mit einer Anklage auf Häresieverdacht herumschlagen.

Mitten in der Arbeit am *Compendium studii philosophiae* ereilt Bacon plötzlich eine schwere Krankheit, und so stirbt der unruhige Querdenker am 11. Juni 1292 [4]. In der Oxforder Kirche der Franziskaner bettet man den streitbaren Mönch zur letzten Ruhe. Die Trauer um den verdienten Mann, der keine Gelegenheit mehr zur Vollendung des Werkes hatte, erfaßte viele. Bacons spannungsreiches Leben, seine geistigen Höhenflüge, kühnen Reformträume und persönlichen

---

4 Für die alternative Datierung des Sterbetages auf den 11. Juni 1294 gibt
   es wenig plausible Gründe.

Niederlagen waren mit der Geistesgeschichte und dem Zeitlauf des unruhigen 13. Jahrhunderts auf das engste verknüpft. Als das wichtigste Werk unter den nachgelassenen Schriften muß man das Fragment *Scriptum principale* ansehen. In dem unveröffentlichten Teilkapitel „Communia naturalium" erwähnt Bacon, daß sich dieser neuerliche Systematisierungsversuch des Denkens seiner Zeit auf einen Umfang von vier Bänden erstrecken sollte. Im ersten Band dieses enzyklopädisch-umfangreichen Werkes wollte sich Bacon mit Grammatik und Logik befassen, im zweiten mit Mathematik und im dritten mit Physik, wonach im vierten Band Fragen der Metaphysik und Moral im Vordergrund stehen sollten. Diese quasi generalüberholte und erheblich erweiterte Version des *Opus maius* hat Bacon in seinem hohen Alter nicht mehr beenden können, wie auch manch anderes Werk unabgeschlossen blieb.

Während der unter der Regierung Heinrichs VIII. veranlaßten Aufhebung der Klöster in England wurde 1539 auch die Klosterkirche, in der Bacons Gebeine ruhten, in einem rituellen Gewaltakt zerstört. Wahrscheinlich brach man die Grabstätten Bacons und anderer Mönche auf, um die Knochen im Vollzug der aggressiven Desakralisierungsmaßnahmen in alle Winde zu zerstreuen.

ॐ

KAPITEL VIII

Der Meister der Zeichen:
Bacon als Semiotiker

Ausschnitt aus: Der Orden der Erleuchteten,
Kupferstich nach Franz Cleyn, 1659

Die Kultur offenbart sich zeichenhaft in Form menschlicher
Kreativität und Imagination. Das Wesen der Kultur kann man
als Information bestimmen, wenn man die Kultur „als allgemeines Gedächtnis der Menschheit oder bestimmter... Kol-
lektive" (*Lotman,* 1981: 149) auffaßt.

Als Wissenschaft von Zeichen und Texten untersucht die
Semiotik vor allem Zeichenprozesse, ihre Genese und Rezeption. Ivanov (1986: 71) definiert die Semiotik als „neue Wissenschaft, die beliebige in der menschlichen Gesellschaft ver-
wendete Zeichensysteme zum Gegenstand hat". Die Aufgabe
einer interdisziplinär orientierten Semiotik liegt unter anderem darin, sich mit Fragen nach der Erklärung beziehungsweise nach dem Ursprung von kulturellen Varianten und In-
varianten, Regularitäten und Irregularitäten auseinanderzu-
setzen.

Unter dem Oberbegriff „Zeichen" soll in den folgenden Ausführungen „materiell-energetische, sinnlich wahrnehmbare
Objekte (Systeme), die eine vom Zeichengeber intendierte
Information über ein Bezeichnetes enthalten" (*Bystřina*, 1989:
225) verstanden werden. Lotman schreibt über die Funktion
des Zeichens im Kommunikationsprozeß: „Das Zeichen erfüllt in der Kultur der Menschheit die Funktion eines Mitt-
lers, Ziel der Zeichenaktivität ist die Übermittlung eines bestimmten Inhalts" (*Lotman*, 1973: 58).

Selten kommen Zeichen nur vereinzelt oder isoliert vor,
meistens gruppieren sie sich zu großen Zeichensystemen, die
ihrerseits aus Codes als einer Menge von Regeln, wie die Zeichen zueinander in Beziehung zu bringen sind, und einem
Zeicheninventar als Summe der Zeichen bestehen. „Bei syn-
chroner Betrachtung stellt so die menschliche Kultur ein Sy-
stem von Texten dar, aus diachroner Sicht kommt dazu auch
die Herstellung, Übermittlung, Speicherung, Rezeption, In-
terpretation und Wirkung der Texte: also die Kultur als eine
funktionierende Semiose" (*Bystřina*, 1989: 229).

Daß Kultur sich vor allem als zeichenhaftes Phänomen offenbart, war auch Roger Bacon durchaus klar, wußte er die
Welt in ihrer Komplexität auch als Text zu deuten. „Die Übersetzung eines Ausschnitts der Wirklichkeit in eine ‚Sprache'
der Kultur, seine Umwandlung in einen Text, das heißt in
eine auf bestimmte Weise fixierte Information in ein kollek-
tives Gedächtnis – dies ist die Sphäre der tagtäglichen kulturellen Tätigkeit" (*Lotman*, 1981: 30).

Das Philosophieren über Zeichen, Sprache und alltäglichen
Zeichengebrauch hatte im Mittelalter Konjunktur. Oft bezeichnen moderne Historiker und Geisteswissenschaftler das Mittelalter unter anderem als „das metaphysische Zeitalter par
excellence. Gleichzeitig könnte es aber auch das *semiotische*
Zeitalter par excellence genannt werden, insofern in ihm mehr
denn je alles, von der bildenden Kunst bis zum religiösen
Glauben und zum philosophischen Denken, ja selbst das soziale Leben unter dem Zeichen des Zeichens steht. Gerade im

Mittelalter wird der Konflikt zwischen metaphysischer Wahrheit und semiotischer Relativität durchlebt, durchlitten und ausgefochten, wobei sich fast zwangsläufig auch ein Machtkampf mit einmischt" (*van Velthoven*, 1987: 279).

Treffpunkt

Trinkwasser

Durch die Abfassung seines 1292 entstandenen Werkes *Compendium studii theologiae* hat sich Bacon als ein früher Theoretiker der Semiotik hervorgetan. Er ging davon aus, daß eine systematische Forschung über die Theorie der Zeichen unverzichtbare Grundlage für ein schwer zu erlangendes Wissen über den Aufbau von Sprachen sei. In bezug auf die Entwicklung seiner eigenen Vorüberlegungen zu einer Theorie der Zeichen bereist der Kompilator Bacon vor allem wieder einmal die weitverzweigten Gefilde des philosophischen Denkens. Seltsam mag auch im ersten Teil dieses Werkes Bacons paradoxe Neigung anmuten, Autorität mit Hilfe von herbeizitier-

Großraumwagen

Schlafwagen

Kinderland

Nicht hinauslehne

Waschraum

Kein Trinkwasser

Semiotik bei d
Deutschen Bundesbal

ten Autoritäten aus der Geistesgeschichte herabzusetzen. Es handelt sich um ein persönliches Stilmittel, beziehungsweise rhetorisches Markenzeichen in Bacons Kampf um die Grenze des Wissens. Seine Referenz erweist er einigen Vordenkern, wie dem unvermeidlichen Aristoteles, Boethius, Averroes und auch Augustinus, wobei er einige Positionen dieser Koryphäen leise kritisiert.

Viele Gründe haben das Verstehen der Signifikationsarten von Bezeichnungen erschwert. Die allgemein vorherrschende Begriffsverwirrung erzwingt die notwendige Klärung über die Möglichkeiten einer Verwendung von Bezeichnungen und Begrifflichkeiten. Man muß die Zeichen konstituierenden Relationen verstehen. Bacon unterscheidet natürliche und intentionale Zeichen. Zu den letztgenannten zählen die Worte, die man recht willkürlich aus verschiedenen Sprachschätzen

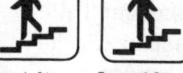

Treppe abwärts   Treppe aufwärts

Liegewagen   Gepäckwagen

Nichts hinauswerfen   Behälter für Abfälle
oder gebrauchte Handtücher

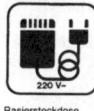

Wasser;
Auslösehebel bedienen   Rasiersteckdose
220 V~

wählen kann. Das Wort ist ein Zeichen, das einen Sachverhalt oder ein Objekt benennt und auf die eigene „Spezies" im Geist des Sprechers verweist. Ausführlich widmet Bacon sich den verschiedenen Möglichkeiten dessen, was Worte und Namen bezeichnen können. Ohne Interpreten gibt es keine Bezeichnungsarten, die Bewußtseinsweisen transportieren. Gewisse Benennungen können die Art und Weise ihrer Bezeichnung verlieren. Einfache oder gemeine Namen bezeichnen grundsätzlich nur Objekte, aber keine Konzepte des Denkens.

Zeichen stehen für Verbindungen und sorgen ihrerseits für die Herstellung semantischer und syntaktischer Verbindungen durch den menschlichen Interpreten beziehungsweise Zeichenbenutzer. Alle Kunstwerke sind Zeichen und lassen Rückschlüsse auf diejenigen Menschen zu, die sie hergestellt haben und im Geist intendierten. Zeichen haben ihren Ursprung entweder in der Natur oder in der Seele. Für Bacon sind die Sakramente Zeichen, ebenso wie das Alte Testament ein verheißungsvolles Zeichen für das Neue Testament ist. In beiden Texten bezeichnet der wortgetreue beziehungsweise buchstäbliche Sinn auch den spirituellen Inhalt. Die Heilige Schrift enthält überdies Anweisungen zur Intonierung von Stimmlauten, die Formen von Spiritualität bezeichnen. Das Denken in Analogien bildet die Basis für religiöses Empfinden. Die ganze Schöpfung und die Geschöpfe der Welt sind Anzeichen dafür, daß es auch einen Schöpfer gibt. Hört man in der Ferne Gelächter, ist davon auszugehen, daß ein Mensch in der Nähe sein muß. Worte sind doppelwertig beziehungsweise zweideutig verwendbar und können deshalb existierende Dinge und solche Undinge, die es nicht oder nicht mehr gibt, bezeichnen. Das zu fördernde Verständnis gewisser Zeichen bedingt das Verständnis der Heiligen Schrift und einiger Ansätze der Theologie. Man muß die Möglichkeiten verstehen lernen, durch welche komplexe Sachverhalte vermittels einfacher Worte bezeichnet werden können. Am Ende des Textes steht eine nicht-aristotelische Klassifikation von Möglichkeiten der Doppelbenennung oder sprachlichen Zweiwertigkeit nach sechs Arten.

Über weite Strecken konnte Bacon bei der Abfassung des *Compendium studii theologiae* auf die Vorarbeit am 25 Jahre zuvor begonnenen fragmentarischen Traktat *De signis* zurückgreifen. Die definitionsarmen Fragmente weisen Bacon als gelehrten Kompilator und im Ansatz freimütig originellen Denker aus. Sie dürften spätere Theoretiker der Semantik wie William of Ockham und die Debatte über die allgemeine Rolle der Semantik am Ende des 13. Jahrhunderts stark beeinflußt haben.

❧

KAPITEL IX

Bacon im Spiegel der Renaissancemagie

John Dee (1527–1608)

„Sollte denn für... wunderbarliche Handlungen und Leistungen, auf natürliche, mathematische und mechanische Art herbeigeführt und zuwege gebracht, ein redlicher Gelehrter und bescheidener christlicher Philosoph als Zauberer angesehen und bezeichnet werden?" (*Yates,* 1989: 87).

Diese Klage stammt nicht etwa von Bacon, wie man durchaus glauben könnte, sondern von einem seiner geistigen Nachfahren aus der Renaissance, dem englischen Philosophen, Hofberater, Mathematiker und Magieexperten John Dee. Der walisische Edelmann hatte sich ausgiebig mit Geographie, Magie, Medizin, Philosophie, Optik und Mathematik sowie mit den Schriften antiker und mittelalterlicher Denker beschäftigt [5]. Für England war er gegen den Widerstand einiger Feinde und Neider als Gelehrter, Hofmann, Philosoph, Spion und religionspolitischer Visionär eines großen Britanniens tätig. Als Kryptograph hatte Dee von Königin Elisabeth I. den Spitznamen „007" (gemeint sind vier Sinne, die beiden Augen und der „sechste" Spür-Sinn) verliehen bekommen, in Anerkennung seiner Fähigkeiten für die Verschlüsselung von Meldungen. Magieexperten und Rechenkünstler wie John Dee oder auch der große italienische Gelehrte Giambattista della Porta (1538 oder 1540 – 1615) waren deshalb bei den sich gerade konstituierenden europäischen Geheimdiensten als Agenten und Kryptologen sehr gefragt, weil sie die Kunst der Chiffrierung und Decodierung hervorragend beherrschten.

Bacons Einfluß auf Dees von magischem Denken und von der „scientia experimentalis" geprägte Naturphilosophie war beträchtlich. Wahrscheinlich sah er sogar in Bacons Beschäftigung mit Spielarten der Experimentalwissenschaft und der Magie eine Rechtfertigung beziehungsweise einen Ansporn für die eigenen Aktivitäten in Sachen „magia naturalis". Eifrig hatte Dee das Bacon zugeschriebene, 1542 in Nürnberg gedruckte Traktat *Speculum alchimiae* und die 1542 in Paris veröffentlichte Schrift *De mirabile potestate artis et naturae* studiert. Wie Bacon strebte der Grenzgänger und Sucher Dee nach einer umfassenden Erweiterung des menschlichen Wissens. Die eigentümliche Interessen- und Wesensverwandtschaft war Dee bereits früh bewußt geworden. 1557 verfaßte er ein unveröffentlicht gebliebenes Traktat als Ausdruck seiner persönlichen Wertschätzung des legendenumwobenen Franziskaners. Die Tendenz des Werkes sprach Bacon vom Vorwurf frei, sein Wissen mit Hilfe von Dämonen erlangt zu haben. Der genaue Titel lautet: *Speculum unitate: Sive Apologia*

---

[5] Vergleiche meinen Aufsatz über Dees Leben und Werk „John Dee: Auf den Spuren eines englischen Philosophen der Renaissance", in: Michael Kuper: *John Dee und der Engel vom westlichen Fenster.* Verlag Clemens Zerling, Berlin 1993.

pro Fratre Rogerio Bacon: in qua docetur nihil illum per Daemoniorum fecisse auxilia, sed philosophum fuisse maximum; naturaliterque et modis homini Christiano licitis, maximas fecisse res, quas indoctun solet vulgus, in Daemoniorum referre facinora.

Im gleichen Jahr schrieb Dee ein unveröffentlichtes Manuskript über Brennspiegel unter dem Titel *De speculis comburentibus* nieder, das auf Verbindungen zu Bacons optischen Experimenten und gleichnamigem Werk basiert. Erwähnt hat Dee den experimentierfreudigen Franziskaner auch in seinem bekannten Werk *Propaedeumata aphoristica* aus dem Jahr 1558.

Genealogisch soll Dee tatsächlich eine Blutsverwandtschaft mit Roger Bacon über gemeinsame Vorfahren abgeleitet und behauptet haben, daß Bacon vor seinem Eintritt in den Franziskanerorden eigentlich „David Dee of Radick" hieß (*Clulee*, 1977: 190).

Der Mathematiker Dee, der 1570 eine englische Übersetzung von Euklids Werk *Elemente der Geometrie* als Buch herausgebracht hatte, interessierte sich auch deshalb für Bacon als Mathematiker, weil dieser bereits Euklids Leitsätze vor dem Vergessen zu bewahren getrachtet hatte. Die Liebe zur Geometrie stellt ein geistiges Band zwischen den Engländern dar. Beide begeisterten sich und andere für Alchimie, Altertumswissenschaft und die spekulative Magie als Vorläufer einer experimentellen Naturwissenschaft auf der Grundlage der „magia naturalis". Von Bacon und Agrippa von Nettesheim übernahm Dee die Unterscheidung zwischen einer ihm verdammenswert erscheinenden Magie dämonischen Ursprungs und einer experimentellen Magie, die dem menschlichen Erkenntnisstreben zu dienen hatte.

Wie sein berühmter Vordenker Bacon war auch John Dee ein begeisterter Büchersammler. Seine Bibliothek soll an die 4 000 Bücher und Manuskripte umfaßt haben, während die Cambridge University beispielsweise im Jahre 1582 nur 451 Bücher und Manuskripte in den Regalen beherbergte. „Die ganze Renaissance befand sich in dieser Bibliothek" (*Yates*, 1969: 12).

Bereits 1556 erwirkte Dee von Königin Maria eine Vollmacht zur „Wiederentdeckung und Bewahrung altertümlicher Schriften und Monumente", mit der er in den Jahren der Religionswirren in England viele Bücher und Wissensschätze vor der Vernichtung retten konnte. Den unter Heinrich VIII. erzwungenen Klosterauflösungen und den anschließenden gewaltsamen Desakralisierungsriten waren nicht nur viele Menschen, sondern auch kostbare, teilweise unersetzliche Bücher und Schriften zum Opfer gefallen. Der Büchernarr Dee, der schon früh die Forderung nach der Errichtung einer Britischen Nationalbibliothek erhoben hatte, stieß also auf viele Handschriften, die ursprünglich als „papistisch, teuflisch oder beides" verbrannt werden sollten. Als Manuskriptsammler mit breitem Interessenspektrum besaß Dee in England die meisten Bacon-Handschriften, von denen einige im Laufe der Jahre wieder abhanden kamen oder beim Brand von Dees vortrefflicher Bibliothek vernichtet wurden.

Während der Reisen durch Europa hatte Dee auch einige besonders kostbare Handschriften im Gepäck. 1584 befand er sich in geheimer Mission auf der Prager Burg, wo der „saturnische" Kaiser Rudolf II. regierte. Diesem melancholischen Grübler und Freund der schönen wie der schwarzen Künste schenkte oder verkaufte Dee eine seltene Handschrift, die wahrscheinlich aus der Feder Bacons stammte.[6] In der Geburtsstadt des künstlichen Menschen Marke Golem begegnete er auch dem Leibarzt Rudolfs, Michael Maier. Dieser Alchimist, Wanderphilosoph und Wegbereiter der Rosenkreuzer war ebenfalls ein Kenner der Schriften Bacons.

In Dees Besitz befand sich auch mindestens eine von Bacons Arbeiten über Avicenna, nämlich *Excerpta de libro Avicennae De anima per fratrem Rogerum Bacon.* Dieser Text diente 1603 als Vorlage für die Frankfurter Druckedition unter dem Titel *Sanioris medicinae magistri D. Rogeri Baconis angli de arte chymiae scripta* und erlebte unter dem veränderten Obertitel *Thesaurus Chemicus...* 1620 eine Neuauflage.

6 Vgl. Kapitel XI

Im Jahre 1618 erschien im Druckhaus Froben zu Hamburg die kleine „Dee und Bacon"-Sammelschrift *Epistolae de secretis operibus artis et naturae, et de nulitate magiae Opera Joh. Dee Londinensis e pluribus exemplaribus castigata olim, et ad sensium integrum restituta/Roger Bacon. Nunc vero a quodam veritatis amatore, in gratiam verae scientae canditatorum foras emissa; cum notis quibusdam partem ipsius Joh. Dee partim edentis.*

1582 sprach sich John Dee in einer Denkschrift an Königin Elisabeth dafür aus, gerade so wie im übrigen Europa auch in England den Gregorianischen Kalender einzuführen. Der Hofrat Dee verwies in seiner Argumentation auf einige britische Vordenker in dieser Frage und darauf, daß bereits Roger Bacon 1267 in einer Denkschrift an den damaligen Papst Clemens IV., im *Opus maius*, für die Kalenderreform plädiert hatte.

Dee soll noch weitere Texte über Bacon verfaßt haben, wie Gabriel Naudé in seiner bekannten Schrift über die hermetische Tradition der Renaissance *Apologie pur les grands hommes soupconnés de Magie* aus dem Jahr 1625 annahm: „Wäre uns das Buch erhalten geblieben, das von John Dee, Bürger von London und hochgelehrtem Philosophen und Mathematiker, zur Verteidigung Roger Bacons geschrieben wurde und in dem er darlegt, daß alles, was über seine wunderbaren Werke gesagt wird, seinem Wissen über die Natur und Mathematik zuzuschreiben ist und keineswegs dem Umgang mit Dämonen, den er niemals hatte, versichere ich, daß ich nichts mehr über ihn (Roger Bacon) geschrieben hätte... Da sein Buch (das Werk Dees über Bacon) bisher, soweit ich es wenigstens weiß, nicht mehr gefunden worden ist... steht es bei mir, diese Lükke zu füllen, damit der gute Name dieses englischen Franziskaners, der zu seiner Zeit Doktor der Theologie, ein großer Chemiker, Astrolog und Mathematiker war, nicht für immer begraben und zu denen der Zauberer und Magiker gezählt werde, zu denen er ganz gewiß nicht gehörte..." (*Naudé*, deutsch zitiert nach *Yates*, 1975: 121).

Wahrscheinlich hat Naudé, der Bacon neben Trithemius, Francesco Giorgi, Paracelsus, Agrippa von Nettesheim und

Ramon Lull einige Seiten widmet, mit dem verschwundenen Text Dees 1557 entstandene ungedruckte Schrift *Speculum unitatis Sive Apologia pro Fratre Rogerio Bacon...* gemeint, möglicherweise bezog er sich aber auch auf eine weitere verschollene Arbeit Dees über den sagenumwobenen Franziskaner. In einer weiteren 1623 gedruckten Schrift mit dem Titel *Instruction à la France sur la vérité de l'histoire des Frères de la Rose-Croix* hatte Naudé zuvor John Dee direkt mit dem Erscheinen der phantomgleichen Rosenkreuzer in Verbindung gebracht.

Im Jahre 1634 vermachte der bekannte Arzt und Rosenkreuzer Sir Kenelm Digby der Bodleian Bibliothek 238 Manuskripte als Geschenk. Darunter befanden sich 12 originale Bacon-Handschriften aus dem Besitz des Bücherliebhabers John Dee.

Prägenden Einfluß übte Bacon auch auf die Ansichten und die Werke des Heinrich Cornelius Agrippa von Nettesheim (1486–1535) aus, der seinerseits John Dee stark fasziniert hatte. Dieser faustische Philosoph, Schriftsteller und Glücksritter war 1510 während einer Englandreise auf Bacons Schriften gestoßen und erwies sich wie dieser schon in jungen Jahren als ein wortgewandter Kämpfer gegen die Engstirnigkeit der ewig Gestrigen und Dogmatiker. [7] In seinem Kompendium über die Grundlagen des magischen Denkens auf der Basis von Christentum, Magie und neuplatonischer Mystik *De occulta philosophia*, das gegen den Widerstand der Inquisition zwischen 1531 und 1533 veröffentlicht wurde, berief sich Agrippa an mehreren Textstellen auf Bacon als Autorität. So heißt es im 43. Kapitel des dritten Buches über die verborgene Philosophie „Von den Bestandteilen der menschlichen Seele, dem Verstand, der Vernunft und der Bilde" über Bacon als Theoretiker der Seele: „Wer es recht versteht, kann seine Einbildungskraft mit der universellen Kraft, welche Al-

---

7 Vgl. meine Biographie über *„Agrippa von Nettesheim – Ein echter Faust".* Verlag Clemens Zerling, Berlin 1994.

chindus, Baco und Wilhelm von Paris Naturgefühl, Virgil
ätherisches Gefühl und Plotin Gefühl des Vehikels nennen,
in Verbindung bringen" (*Agrippa, 1985: 495*).

> „Nos habitat, non tartara, sed nec sidera coeli,
> spiritus in nobis, qui viget, illa fecit."

> „Nicht Gestirn noch Unterwelt:
> In uns allein der Geist ist's, der alles bewirkt."

In diesem berühmten Distichon hat Agrippa von Nettesheim
seine Auffassung von der Magie als das geistige Wesen
Mensch bewegende Kraft niedergelegt. Dieses summarische
Motto von Nettesheims Magieauffassung spiegelt seine Gei-
stesverwandtschaft mit Roger Bacon wider.

Der junge Nettesheim wurde im Gegensatz zum späteren
Skeptiker Agrippa nicht müde, in seinem Frühwerk das Loblied auf die menschliche Fähigkeit zur Erkenntnisgewinnung
anzustimmen: „Obgleich der Mensch kein unsterbliches Wesen ist wie das Universum, so ist er doch mit Vernunft begabt
und mit seinem Verstande, seiner Einbildungskraft und seiner Seele kann er auf die ganze Welt einwirken und sie verwandeln." An diesem so forsch ausgerichteten Bildungsopti-
mismus seines Urenkels im Geiste hätte ein Roger Bacon sicher seine Freude gehabt.

In seinem zweiten, 1530 gedruckten Hauptwerk *Über die
Eitelkeit und Unsicherheit der Wissenschaften und Künste*
hat sich milder Tadel unter das Lob gemischt, ging es doch
darum, auch die magischen Künste, in denen sich Nettesheim selbst recht gut auskannte, einer kritischen Sichtung
zu unterziehen. Auch die von Agrippa in Jugendjahren so
gepriesene „Magia naturalis" als Wunderkunst durch natürliche Mittel blieb im XLII. Kapitel des Werkes nicht von Kritik verschont, obgleich er die Magier „die akkuratesten Er-
forscher der Natur" nannte. Mohren und Indianer hätten diese
für Täuschungen gefährlich offen stehende Kunst von Natur

aus verstanden, die die Pythagoräer erst wieder mühsam er-
lernen mußten. Die Wunderkunst durch die Anwendung natürlicher Mittel schien dem skeptisch gewordenen Schriftsteller weltweit verbreitet zu sein. Die antiken Schriften eines Zoroaster, Hermes oder Salomo enthielten so wie die mittelalterlichen Studien eines Albertus Magnus, Ramon Lull
oder Roger Bacon neben allerlei Wissenswertem und nützli-
chen Informationen auch manchen Aberglauben, meint der
Kulturkritiker Agrippa. Magier und Wundertäter „borgen dasjenige, was von der Natur herkommt und applizieren dasselbe zu ihrem Tun, also dass sie oftermals für der Zeit einen
von der Natur herrührenden Effektum herfürbringen, wel-
chen hernach der gemeine Mann für ein Wunderwerk hält,
da es doch alles natürliche Sachen sind, nur dass man in der
Zeit einen Vorzug nimmt. Zum Exempel, wenn man im Mo-
nat Martio aufgeblühete Rosen vorbringen, oder reife Boh-
nen und Weintrauben aufweisen kann, oder dass in wenig
Stunden Petersilie aufwachse; ja was noch mehr ist, dass
Wolken, Regen, Donner und allerhand Art Tiere und vieler
Sachen Verwandlung entstehen, wie sich dessen rühmet
Rogerius Bacon" (Agrippa: *Die Eitelkeit...*, 1913: 155 f).

Ausdrücklich distanzierte sich der Magieexperte Nettesheim in dem Kapitel XLII von aller „Teufelsbannerei und Schwarz-
künstlerei", die er für scheußlich und verflucht hielt. Kritik
hatte er auch schon in dem um die Wiederherstellung der
alten Reinheit in der Magie bemühten Werk *De occulta
philosophia* geübt. Nekromanten und Teufelsbündner verun-
glimpften für ihre niederen Zwecke die Reinheit des Himmels. Ihre ruhmredigen Zauberbücher zierten falsche Namen
und erdichtete Titel, behauptete Agrippa in baconscher Manier. Mit ihrem Hang zur unfruchtbaren Grübelei und ufer-
losen Spekulation säßen sie großsprecherischem Fabelwerk auf,
würden sich und andere in die Irre leiten, sowie Sein und
Schein vertauschen.

Als großer Meister der „magia naturalis" und absoluter
Fachmann auf dem Gebiet der Optik, Mechanik und Physik

wurde Bacon auch von dem Universalgelehrten Giambattista della Porta in dessen *Magia naturalis* (Neapel 1589) gepriesen. Der vielseitig interessierte della Porta war die herausragende Koryphäe der Renaissancemagie in Italien.

Es gab auch andere Meinungen und Einschätzungen während der Blütezeit der überwiegend von Gelehrten begeistert aufgenommenen oder ähnlich enthusiastisch kritisierten Renaissancemagie. So wurde Bacon vom englischen Reformator und Schriftsteller John *Bale* in seiner 1548 zu Ipswich veröffentlichten Schrift *Illustrium maioris Britanniae scriptorum... summarium* als „Gaukler und Nekromant" (1548: 114) verunglimpft. Die Wunder zu Oxford habe er „nicht durch die Macht Gottes, sondern mit Hilfe böser Geister" bewirkt, wetterte der Bischof von Ossory, der auch eine Satire auf das katholische Klosterleben verfaßt und im Zauberer Merlin einen Propheten der englischen Reformation gesehen hatte. Seine scharfen Attacken gegen die katholische Kirche lieferten hinlänglich Stoff für viele historische Schauspiele der elisabethanischen Zeit. In dem zwischen 1557 und 1559 zu Basel gedruckten chronologischen Verzeichnis einiger britannischer Denker und Schriftsteller *Scriptorum illustrium maioris Brytannie... catalogus* zog Bale sein krasses Urteil über Bacon wieder zurück und lobte ihn als begabten, vielen groben Verleumdungen ausgesetzten Mathematiker, dem übles Unrecht widerfahren sei.

Bacon sei leichtgläubig und als ein Nichtskönner verschrien gewesen, deshalb wäre er insgesamt nur fruchtlosen Beschäftigungen nachgegangen, behauptet polemisch zugespitzt Nicolaus Guibertus in seiner 1603 publizierten Schrift *Alchymia ratione et experientia ita demum viriliter impugnata et expugnata una cum suis fallaciis et deliramentis quibus homines imbubinarat ut numquam in posterum se erigere valeat.* Grimmig und undifferenziert verschoß Guibertus seine denunziatorischen Pfeile gegen echte und falsche Goldmacher, Magier und Alchimisten, darunter auch Ficino, Paracelsus und Agrippa von Nettesheim.

Zu Beginn des 17. Jahrhunderts erfuhr Roger Bacons Name im Rahmen der publizistischen Rosenkreuzer- und Alchimistendebatte in England vor allem durch die hermetischen Arbeiten Robert Fludds und des bereits erwähnten Michael

Aus: Michael Maier,
„Symbola Aurea Duodecim Nationem",
Frankfurt am Main 1617

Maier [8] eine Aufwertung. Der stark von John Dee beeinflußte deutsche Gelehrte und Tausendkünstler Maier lernte Bacons Schriften in Böhmen, Paris und England kennen. In seinen eigenen Schriften lobte Maier Bacons Verdienste um die Bewahrung der Alchimie vor Spekulationswut und um ihre Reinigung von Irrtümern. In Frankfurt gab Michael Maier im Jahr 1617 eine *Symbola Aurea Duodecim Nationem* betitelte Schrift mit internationalen Bild- und Textdokumenten heraus, in der er Roger Bacon neben einigen anderen Engländern als Kenner der Materie zu würdigen wußte. Auf der linken Randspalte des Titelblattes ist ein Mönch abgebildet, der Roger Bacon darstellen soll (vgl. Abbildung S. 106). Auch im Innern des Buches findet sich ein Emblem, das den die Elemente abwägenden Bacon zeigt. Er scheint um die Ausbalancierung des rechten Maßes zwischen einer Gewichtung der Natur und einer Gewichtung der alchimi-

stischen Experimentierkunst bemüht zu sein. Dieses Idealportrait diente als Titelillustration zu einer Basilius Valentinus zugeschriebenen Arbeit über die zwölf Schlüssel der Alchimie (vgl. nebenstehende Abbildung).

Aus: Basilio Valentino, „Practica cum Duodecim clavibus et Appendice, de Magno Lapide Antiquorum Sapientum, scripta & relicta"

1618 veröffentlichte Johann Daniel Mylius sein 3000 Seiten umfassendes Monumentalwerk zur Alchimie *Opus medicochymicum: Continens tres Tractatus sive Basilicas: quorum prior*

8 Über Michael Maier erscheint 1997 eine Biographie aus der Feder des Verfassers im Verlag Clemens Zerling zu Berlin.

inscribitur Basilica medica, secundus Basilica chymica, tertius Basilica philosophica. Dieses riesige Kompendium erfreute sich großer Nachfrage, nicht zuletzt wegen seiner vielen alchimistischen Gravuren und Emblemata. „Das dritte Buch der *Basilica philosophica* enthält die sogenannten Siegel der Philosophen, insgesamt 160 hermetische Embleme, die man den historischen und mythischen, berühmten und anonymen Helden der Alchimie zugeschrieben hat. Sowohl aus vielen Manuskriptquellen zusammengesetzt und frei adaptiert, als auch bereits veröffentlichten Werken und Kupferstichen entnommen, enthält die Ikonographie dieser ‚Siegel' ein außer-

gewöhnliches Repertoire der alchimistischen Symbolik. Die Verbindung von Mottosprüchen mit Bildern in diesen Miniaturemblemen verweist auf eine didaktische und gedächtnisstützende Funktion" (*De Rola*, 1988:133). Das 228. Siegel hat Mylius „dem englischen Philosophen Roger Bacon" unter dem hermetischen Motto zugeordnet: „Gleiche die Elemente einander an, so wirst du die Meisterschaft erlangen" (vgl. nebenstehende Abbildung).

Aus: Daniel Mylius,
„Opus medicochymicum ...",
1618

Zwischen 1650 und 1680 wurden in England mehr Bücher über Alchimie herausgegeben als je zuvor. Es war, als würde diese unsichere Kunst vor ihrem Dahinschwinden und vor ihrer Verdammung durch aufklärerische Argumentationsstrategie noch einmal eine Renaissance erleben. Neben den vielen Neuerscheinungen zur Magie und Alchimie druckte man auch einzelne Werke englischer Autoren und Denker nach, die fast nur noch durch Hörensagen bekannt waren. Neben den Arbeiten von John Dee, Thomas Vaughan und

Elias Ashmole erfreuten sich auch einige Traktate Bacons einer gesteigerten Nachfrage.

Eine weitere Rubrik publizistischen Erfolges stellten die sogenannten „Prophetenbücher" dar. Dabei handelt es sich um Sammlungen von Prophezeiungen über die zeitgenössische Gegenwart und die erwartete Zukunft, die man prominenten Leuten, englischen Lords, Entdeckern und Königen zuschrieb. In einer dieser Sammelschriften aus der Feder von T. Pugh, die 1658 unter dem vielversprechenden Titel *British and Outlandish Prophecies* veröffentlicht wurde, finden sich angebliche Voraussagen aus dem Mund Roger Bacons, die dieser in walisischer Sprache von sich gegeben haben soll. Der gravierende Unterschied zwischen dem historischen und dem legendären Bacon, der den Diskurs über den Franziskaner zu Beginn der Renaissance maßgeblich mitgeprägt hatte, verwischte sich nunmehr am Ende des 17. Jahrhunderts mit Veröffentlichungen dieser Art zu Lasten Bacons als historischer Figur völlig.

Hatte man den faustischen Magus am Anfang des 16. Jahrhunderts noch als einen möglichen und ernstzunehmenden Idealtypus des zu neuen Ufern drängenden Grenzgängers betrachtet, so büßte dieser Typus zu Beginn des 17. Jahrhunderts und darüber hinaus im Zuge diverser Rationalisierungsschübe in der mentalen Einstellung gegenüber den Möglichkeiten des magischen Denkens viel von seiner einstigen Attraktivität ein, bis er später ganz zur unmöglichen Negativfigur oder, wie in der Literatur, zum komischen Gauklertypus eines Blendwerkers umgedeutet wurde.

❧

KAPITEL X

Der sprechende Kunstkopf

Max Ernst: Papas Verkündigung:
„Lieber Vater, verzweifeln Sie nicht:
mein Himmlischer Bräutigam ist verrückt
geworden. Aber ich bewahre in meinem
Schrein den Kopf und die Arme, die den
Donner streiften." (1929/30)

Das „Museum of Magic and Witchcraft" in San Francisco unter-
hält neben allerlei Schnickschnack und kitschigen Requisi-
ten auch eine Abteilung mit künstlichen Köpfen und lebens-
großen aus Plastik oder Wachs modellierten Gestalten, die
der langen Geschichte der Magie und Legendenwelt entsprun-
gen zu sein scheinen. Neben der Hexe Eusopia Palladino und
Doktor Faust steht die Wachsfigur des Roger Bacon, der der
Nachwelt als Zauberer und Erfinder „of the talking head"
vorgestellt wird. Dieses Klischee hat eine lange motiv-
geschichtliche Tradition, deren Spuren man vor allem in der
Literatur und im surreal angehauchten Film finden kann.

Den Magiern scheint der eigene Kopf nur selten zu genü-
gen, ständig experimentieren sie mit rätselhaften Dingen, ver-

suchen in die Zukunft zu blicken und die Grenzen des Möglichen und der eigenen Intelligenz auf künstliche Weise zu erweitern. Diesem Bestreben wird auch in einigen Bereichen der Literatur Rechnung getragen, häufig in satirischer Weise. In Dante Alighieris zwischen 1307 – 1321 entstandenem poema sacro *La comedia* begegnet der Dichter den Seelen berühmter Verstorbener auf seiner Wanderung durch die drei Gefilde des Jenseits, Hölle, Fegefeuer und Paradies. Den gelehrten Mönch Albertus Magnus trifft Dante im Paradies, doch der schottische Magier und Alchimist Michael Scotus (1170 oder 1175 – 1232) muß als Zeichen der Vergeltung mit zurückgedrehtem Kopf im achten Höllenkreis umherirren, weil er zu Lebzeiten versucht hatte, in die Zukunft zu schauen. Auf diese Weise ist ihm der Blick nach vorn verwehrt. Als „großer Meister der Schwarzen Magie" wird Scotus in Boccaccios Novellenzyklus *Decamerone* (8. Tag, 9. Novelle) aus den Jahren 1349 – 1353 erwähnt.

In Dalmatien berichtet der Arzt und Franziskanermönch Peter von Trou bereits im Jahr 1385 über einige von Bacons vermeintlichen „Wundertaten", die er in den Bereich der experimentellen Spiegelmagie einordnet. Danach soll Bacon eine Art „Spiegelfeuerzeug" erfunden haben, durch das man zu jeder Tages- und Nachtzeit eine Kerze entzünden konnte. Ein weiterer Spiegel ließ den Betrachter Geschehnisse aus den entferntesten Teilen der Welt sehen. Die Oxforder Universität ließ beide Spiegel zerbrechen, weil sie den Lerneifer der Studenten empfindlich gelähmt haben sollen. Wahrscheinlich haben Bacons Versuche mit Brennspiegeln und andere physikalische Experimente auch einige optische Täuschungen hervorgerufen, die leichtgläubige Zeitgenossen für Geistererscheinungen oder übersinnliche Phänomene halten konnten und vielleicht auch tatsächlich so deuteten. Ein derartiges Mißverstehen mag die allgemeine Legendenbildung um den Wunderwerker Roger partiell zumindest begünstigt haben.

Die legendäre Erfindung des sprechenden Kunstkopfes, a ‚talking head‘, wurde im Mittelalter verschiedenen Gelehrten

nachgesagt, darunter auch dem „Zauberpapst" Silvester II.,
der diese Wundertat im Jahre 1000 vollbracht haben soll. Ein
anderer Sagenkranz behauptet, daß der Dominikaner Albertus Magnus sein großes Wissen nicht auf natürliche Weise
erlangt hätte. Auch er soll einen künstlichen Kopf für Weis-
sagungen über die Zukunft konstruiert haben, der durch Thomas von Aquin zerstört wurde.

In John Gowers berühmter Verserzählung *Confessio Aman-
tis*, einem um 1390 entstandenen und 1483 gedruckten Hauptwerk der englischen Literatur, wird Bacons Lehrer und Freund
Robert Grosseteste als Erfinder des bronzenen Kunstkopfes
erwähnt:

> „For the grete Clerc Grossteste
> I rede how besy that he was
> Upon clergie a Hed of bras
> To forge, and make it forto telle
> Of suche thinges as befelle: „
>
> (zitiert nach *Sandys,* 1914: 366)

Vertreter der englischen Literatur der Renaissance schreiben
Roger Bacon die Herstellung eines künstlichen Kopfes aus
Bronze sowie die Verwendung von Ferngläsern und Brennspiegeln auch zu magischen Zwecken zu. In der allegori-
schen Dichtung des schottischen Poeten Garwin Douglas wird
Bacon als Schwarzkünstler hingestellt und in die Riege ge-
fürchteter Nekromanten eingereiht:

> „The nigromancie thair saw I lik anone
> Of Benytas, Bongo, and Frier Bacone,
> With mony subtill point of juglary."
>
> (zitiert nach *Sandys,* 1914: 360)

„Von vier Zauberern, die einander die Köpfe abschlugen und
wieder aufsetzten, wobei Dr. Faust das Seine tat", berichtet

das 1587 anonym erschienene Volksbuch *Historia von D. Johann Fausten/Dem Weitbeschreyten Zauberer Unnd Schwartzkünstler.* Die Faustfigur ist hier Scharlatan, Schadenszauberer und negative Demonstrationsfigur öffentlicher Belehrung. Sie handelt skrupellos, stiftet Verwirrung und Schaden. Die Episoden „Dr. Faust zauberte einem Ritter ein Hirschgeweih auf den Kopf..." und „Dr. Faust schlug einem den Kopf ab" zeugen von weiteren kopflastigen Kunststücken des berühmten Blenders. Gerade in der letztgenannten Episode ist die Kopflosigkeit kein zauberisches Ideal, sondern ein Übergangsstadium in einem Wettkampf rivalisierender Zauberer.

Das zu „abscheulichem Exempel und treuherziger Warnung" verfaßte Volksbuch sollte in England einen Widerhall ganz besonderer Art erleben. Zwischen 1588 und 1593 entstand dort das Drama *The Tragical History of the Life and Death of Dr. Faustus* aus der Feder des Christopher Marlowe. Er stellt seinen Faust als rastlosen verblendeten Machtmenschen vor und warnt vermittels einer drastischen Abschreckungsdramaturgie ausdrücklich vor der Beschäftigung mit der antisozialen Magie oder der hermetischen Philosophie. Der Schwarzmagier Faust beschwört den Teufel, und prompt erscheint ihm Mephistopheles persönlich. Faust findet den Besucher abstoßend, deshalb verlangt er von ihm einen Gestaltwechsel und gibt folgenden, auf Bacon beziehbaren Ratschlag:

> „Komm wieder als ein alter Franziskaner,
> solch heilige Maske kleidet einen Teufel am besten."

(Marlowe I,1964: 253 - 254)

Der Faustus Marlowscher Prägung ist Schüler Agrippa von Nettesheims und John Dees. Sarkastisch empfiehlt der Dichter seinem Kunstgeschöpf, die Werke neuer und alter Magier, einschließlich Bacons Schriften, zu studieren. „Marlowes Doctor Faustus mit seiner deutlichen Anspielung auf Dee als Beschwörer diente als ein Angriff auf die elisabethanische Renaissance", meint Frau Yates (1991: 139 f.).

Eine burleske Antwort auf die mit viel Theaterdonner vorgetragene grimmige Ernsthaftigkeit von Marlowes „Doctor Faustus" gab der Erzähler, Lyriker, Dramatiker und Kenner der Londoner Unterwelt, Robert Greene (1558?–1592). Im Jahr 1591 wurde sein Erfolgsdrama *The Honorable Historie of Frier Bacon, And Frier Bongay* in London uraufgeführt. Auch in diesem 1594 und 1630 gedruckten romantischem Motivreigen frönt Robert Greene seiner Vorliebe für satirische Bilderbögen, kombiniert mit realen und phantastischen Gegebenheiten.

Wie bereits in dem 1614 publizierten *Tu Quoque* taucht vor allem in der „rühmlichen Geschichte von Bruder Bacon" das künstliche Haupt als Markenzeichen seines Erfinders auf. In diesem Bühnenstück tritt Bacon als gelehrter Magier, Mirakelwerker und zur Läuterung bereiter Wundermann in Erscheinung. Während eines Jagdausflugs begegnet der walisische Prinz Eduard der Maid Margret, einer Schönheit vom Lande, und sieht sich sofort von Amors Pfeil niedergestreckt. Für die Liebe von Angesicht zu Angesicht bleibt nur wenig Zeit, da Eduard nach Oxford zu Bacon reist, um in einer wichtigen politischen Angelegenheit die Hilfe des weißen Magiers in der Kutte zu erlangen. Besuchern gegenüber stellen die Doktoren von Oxford Bacon als Erfinder des geistreich philosophierenden Kunstkopfes aus Bronze vor:

> „Bacon, we hear, that long we have suspect,
> That thou art read in Magicks mysterie;
> In Piromancie to divine by flames;
> To tell by Hadromaticke, ebbs and tides;
> By Aeromancie to discover doubts,
> To plaine out questions, as Apollo did ...
> I tell thee, Bacon, Oxford makes report,
> Nay, England and the court of Henrie saies,
> Thart making of a brazen head by art,
> Which shall unfold strange doubts and Aphorismes,

And read a lecture on Philosophie;
And, by the helpe of divels and ghastly fiends,
Thou meanst, ere many yeares or daies be past,
To compasse England with a wall of brasse."

(Greene, zitiert nach *Sandys*, 1914: 366)

Politisch rät das künstliche Hirn dem Gast, ganz England durch eine Mauer aus Bronze vor seinen Feinden zu schützen. Der Prinz schickt seinen Freund, den Grafen Lacy, zu der Försterstochter, um auch während der persönlichen Abwesenheit von Wald und Flur weiter um Margret zu werben. Der Freund tut sein bestes, verliebt sich bald selbst in Margret und begehrt sie zur Frau. Dank Bacons Zauberspiegel und seinen Ferngläsern erfährt der Prinz von den Absichten des untreuen Freundes. Inzwischen schaltet sich Bruder Bongay ein, hier zu Bacons Rivalen in den magischen und experimentellen Künsten umgedeutet, und beabsichtigt ist, Graf Lacy und Margret zu trauen. Dies kann Bacon in letzter Sekunde verhindern, und nach einem Kampf der Zauberer läßt er Bongay von einem Dämon huckepack nach Oxford entführen. Dort versucht zwischenzeitlich König Heinrich III., der „den fidelen Bruder Bacon" als „Englands einzige Blume" lobt, seinen Sohn von der Notwendigkeit einer Zweckehe mit der Prinzessin Eleonore von Kastilien zu überzeugen. Der Prinz ist nicht gerade begeistert, trauert der alten Liebe nach und will den Nebenbuhler töten. Doch schließlich kommt er zur Besinnung und vermag in der eigenen Verliebtheit nur noch eine romantische Schwärmerei zu sehen. Deshalb möchte er Lacys und Margrets Liebe nicht länger im Wege stehen. Er willigt in die politisch nützliche Bündnis- und Vernunftehe mit Eleonore von Kastilien ein, und so kommt es zu einer Doppelhochzeit im Zuge des allgemeinen Harmoniestrebens. Roger Bacons Freude über die Wiederherstellung des sozialen Friedens ist ein wenig getrübt, da der Gehilfe Miles den berühmten sprechenden Zauberkopf aus Bronze durch eine

Unachtsamkeit zerstört hat. Vor seiner Zerschmetterung soll
der künstliche Kopf noch die geheimnisvollen Worte *„Time
is, Time was, Time is Past"* als sein Vermächtnis in die Welt
orakelt haben.

In einem Akt der Läuterung besinnt sich der Bühnen-Ba-
con auf seine schlichten Mönchstugenden und beschließt,
fortan der Magie zu entsagen. Zwar will sich Bacon in Zukunft vordringlich den einfachen geistlichen Aufgaben eines
Franziskaners widmen, doch behält er seine visionäre Gabe.
Und so verkündet er voll Optimismus die frohe Botschaft
eines starken geeinten Britannien, durch die Robert Greene
eine Huldigung an die Regentschaft der Königin Elisabeth I.
aussprach.

Greenes Stück liegt die zeitgenössische, bis 1630 in meh-
reren Auflagen anonym publizierte Historiensammlung *The
Famous Historie of Fryer Bacon/Containing The Wonderfull
Things That He Did In His Life/Also The Manner Of His Death/
With The Lives And Deaths Of The Two Conjurers/Bungye And
Vandermast Very Pleasant And Delightfull To Read* zugrunde.
Der Zeitpunkt der Entstehung dieses Volksbuches ist weder
bekannt, noch genau datierbar. Möglicherweise hat Greene
eine handschriftliche Fassung als Vorlage für sein Drama ge-
dient. In den heute bekannten gedruckten Versionen dieser
Erzählung findet sich auch der Orakelspruch *„Time is...* " des
bronzenen Kunstkopfes sowie, motivgleich zu Greene, Bacons
Brennspiegel und Fernrohre als wundersame Mittel im Wettkampf der Magier, die da wie dort am Ende ihrer Kunst ab-
schwören. Erstaunlicherweise enthält das Werk wortwörtliche Passagen aus des historischen Bacons visionären und
naturphilosophischen Arbeiten, etwa aus *De mirabili potestate
artis et naturae*, die damals gerade in Teildrucken oder übersetzt erschienen.

Der bronzene Kunstkopf Bacons hat auch Eingang in Ben
Jonsons 1598 zu London uraufgeführtem Drama *Every Man
in His Humour* gefunden. In dieser närrischen Typenrevue
über menschliche Schwächen aus der Feder des Meister-

Pieter van der Heyden (nach Pieter Breughel):
Die Versuchung des heiligen Antonius, 1556

komödianten Ben Jonson meint ein leichtgläubiger Einfalts-
pinsel in Gestalt des schwatzhaften Wasserträgers Cob:

„Oh, an' my house where the Brazen-head now,
     faith it would e'en speak *Moe fools yet.*"

Von einem künstlichen Kopf bedrängt wird auch der heilige
Antonius auf dem nach Pieter Breughel 1556 entstandenen
Stich „Die Versuchung des heiligen Antonius" von Pieter van
der Heyden (siehe obenstehende Abbildung). Dieses Szenari-
um einer phantastischen Heimsuchung sollte Jahrhunderte
später immer noch Nachahmer finden.

Bilder von Früchten, die simultan auch Bilder von künstlichen Köpfen aus natürlichen Elementen sind, präsentiert der
Maler Guiseppe Arcimboldo als Meister der manieristischen
Phantasiekunst in der Renaissance. Bekannt wurde der Paradoxien liebende Wundermaler durch mehrere Serien, auf deren Bildern er den vier Jahreszeiten und den vier Elementen

Konturen menschlicher Köpfe aus Blüten, Früchten, Tieren
oder materiellen Gegenständen gab. Bei Betrachtern erzeugen die voll alchimistischer Anspielungen steckenden Ge-
mälde Verblüffung und Erstaunen. Arcimboldo wirkte elf
Jahre als Hofmaler bei dem alchimistisch interessierten Kunst-
liebhaber Rudolf II. 1590 oder 1591 portraitierte er den habs-
burgischen Kaiser als Vertumnus, Grenzgott der Wandlung
und Anverwandlung, der Jahreszeiten und des Wachstums.
Das phantastische Konterfei des Herrschers besteht aus Blu-

menblüten, Gemüsesorten und
Früchten als Zeichen seiner Herrschaft über die vier Jahreszeiten
und Elemente. „Der Kaiser herrscht über den Staat, über die Menschen, wenn man so will: über den
Mikrokosmos. Da aber der Mikrokosmos auf vielen Vergleichs-
ebenen dem Makrokosmos entspricht, herrscht er auch über die
Jahreszeiten und die Elemente"
(*Kriegeskorte,* 1986: 48).

Arcimboldos:
Der Bibliothekar

1566 schuf Arcimboldo, den
man mit Recht als einen genia-
len Vorläufer der Surrealisten be-
zeichnen kann, das oft kopierte Portrait des Bibliothekars,
dessen Kopf und Leib vor allem aus Büchern besteht. Liebe-
voll hatte der Maler dem papierenen Torso des Bücherkopfes
noch einen Mantel umgehängt. Mit besonderer Hingabe va-
riierten Arcimboldos unzählige anonyme Nachahmer die
Anatomie des Kunstkopfes. Das verblüffende Portrait eines
Bauernschädels besteht aus lauter Ackergeräten, der Kopf einer
Köchin ist eine kunstvolle vertikale Anordnung von Küchen-
utensilien und das Antlitz eines Gärtners erweist sich beim
zweiten Hinschauen als Collage aus lauter Gemüsesorten. 1890
schuf Louis Poyet einen Holzschnitt, auf dem der Kopf eines
Erfinders aus lauter Zahnrädern, Ketten und anderen mecha-

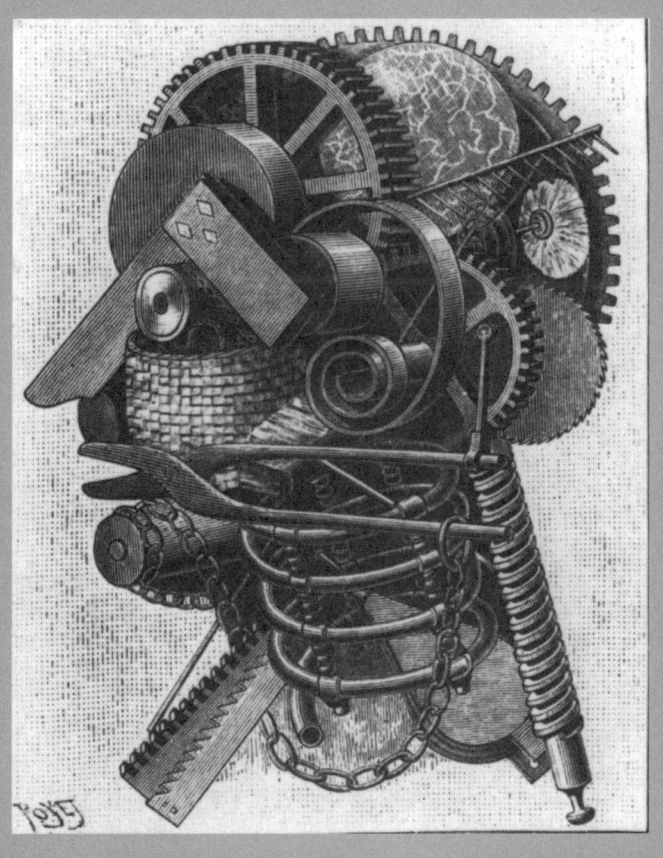

Der Kopf des Erfinders,
Holzschnitt von Louis Poyet,
Paris 1890

nischen Hilfsmitteln besteht. Witzbolde oder Leute mit Sinn
für Humor setzten bereits zwischen Jahrhundertwende und
Beginn der 30er Jahre in Variation eines beliebten Postkarten-
motivs ein Portrait Sigmund Freuds in Umlauf, auf dem der
Charakterkopf in buchstäblicher Darstellung des Wortsinns
„nichts als nackte Frauen im Kopf" zu haben hat.

Zurück zur Literatur. Dem legendären Bronzekopf erwies
auch der Schriftsteller, Philosoph und Staatsmann Sir Francis
Bacon seinen Respekt. In der 1604 entstandenen Gelegenheits-
schrift *Apology Concerning the Earl of Essex* gibt Sir Francis
seiner Königin Elisabeth I. einen Rat nach den geflügelten Worten des orakelnden Kunstkopfes, die der Ratgeber am Schluß
etwas modifiziert zu haben scheint: „Madam, if you will have
me to speak to you in this argument I must speak to you as
Friar Bacon's head spake, that said, First, *Time is,* and then
Time was, and *Time would never be.*" In dem utopischen
Roman *Nova Atlantis* (1627) erwähnt Bacon seinen berühmten Namensvetter am Ende „als den Mönch, der Geschütz
und Schießpulver erfand". Ein dritter Hinweis auf Bacons legendäre Taten läßt sich in der Schrift *Sylvia sylvarum* aus
der Feder des Lords finden. Dort heißt es über Roger Bacon:
„Sie haben eine alte Geschichte in Oxford, nach der Bruder
Bacon in der Luft zwischen zwei Kirchtürmen herumgewandelt
sein soll. Dies geschah durch den Einsatz von Gläsern und
Spiegeln, vor denen er einfach auf dem Erdboden auf- und
ablief."

Die Popularität des sprechenden Kunstkopfes bezeugt auch
Sir Thomas Browne in seiner 1646 gedruckten *History of
Vulgate Errors.* Die paradoxe Sentenz über die Vergänglich-
keit der Zeit „*Time is…*" sieht er auf alchimistische Hinter-
gründe bezogen.

Der Dichter Samuel Butler erwähnt den Bronzeschädel sowie „Old Hodge Bacon and Bob Grosted" im ersten und zweiten Gesang seiner bissigen Verssatire *Hudibras* (1646). Ausgesprochen wuchtig prasseln seine satirischen Keulenschlä-
ge auf den Typus des Renaissancemagiers als Sucher nach

Weisheit nieder. Bacon befindet sich jedoch in guter Gesellschaft: auch John Dee, Agrippa von Nettesheim und andere
Experten in Sachen Magie und Alchimie werden als komi-
sche Figuren, Scharlatane oder Leutebetrüger aus überholten
Zeiten vorgestellt.

Die Möglichkeiten einer literarischen Gestaltung des Magiers als Grenzgänger lassen sich wie folgt zusammenfassen:
In der Literatur besitzt die Figur des Magus und Alchimisten
die potentielle grundsätzliche Ambivalenz grenzüberschrei-
tender Gestalten, zu denen auch der Narr oder Schelm sowie
der Initiand zählen. Die meisten Dichter kristallisieren jedoch einen Pol im möglichen paradoxen Bedeutungsspektrum
des Alchimisten besonders heraus, so daß er, je nach Dar-
stellungsabsicht, eben nur als Träumer oder Idealist oder
Sonderling oder Scharlatan oder tragikkomische Figur erscheint, obwohl er eine Gestalt des potentiellen Wandels ist
und Übergangstypus sein kann.

Im heroischen Poem *The Dunciad* (Die Dummkopfiade,
1728), einem satirischen Abgesang auf die organisierte
Dummheit als größte Macht der Welt und, dank der Unterstützung hölzerner Poeten, wirksamste Waffe des Teufels, läßt
der Dichter Alexander Pope den Franziskaner Bacon vor seinem eigenen Kunstwerk aus Bronze erschauern. 1749 folgt
ihm darin der kulturpessimistische Schriftsteller Samuel
Johnson durch das gleichfalls satirische Werk über die gro-
teske Vergeblichkeit des menschlichen Wünschens *The Vanity
of Human Wishes*. Auch in diesem Lehrgedicht über die Schat-
tenseiten menschlichen Wollens und Wissens wächst dem
Erfinder Bacon das künstliche Geschöpf buchstäblich über
den Kopf. Allerdings gönnt Johnson seinem Master Bacon
auch ein doppeldeutiges Lob, da der Mönch im Moment des
Einzugs in den Oxforder Turm auch allen angenehmen Seiten des Lebens, törichten Wünschen und anderen Widrigkeiten zugunsten des Nachruhms abgeschworen hat.

Selbst der Romantiker Lord Byron ist über den reizenden
Kunstkopf aus Bronze gestolpert. Er läßt dessen nachdenkli-

ches, von Greene pointiertes Statement über die Vergäng-
lichkeit der Zeit in sein eigenes satirisches Epos *Don Juan*
(1818) einfließen.

> „Now, like Friar Bacons's brazen head, I've spoken.
> *Time was, Time is, Time's past.*"
>
> (zitiert nach *Sandys*, 1914: 372)

In der 1893 gedruckten postromantischen Schauernovelle *Roger Bacon* aus der Feder der Luise von Stadthagen tritt der fin-
dige Franziskaner selbst als literarische Figur in den Vordergrund. Die Schwester der Dichterin Frederike Kempner erzählt
in dieser postum veröffentlichten Zwei-Welten-Geschichte, wie
sich der englische Lord Lewellyn und ein Wiener Schriftsteller
nach der Wiederauffindung eines verloren geglaubten Bacon-
Teilmanuskriptes in der Gegenwart des Jahres 1886 auf die Spur
von Lewellyns walisischen Urahnen machen. Das Manuskript
aus dem Jahre 1273 bildet die erzählerische Hauptebene der
Novelle mit Kämpfen um die Vorherrschaft im Bardenland Wales
und dem politischen Aufstieg Rudolf I. von Habsburg in Konti-
nentaleuropa. „Als das größte mechanische Genie nach Archi-
medes" (*Stadthagen*, 1893: 37) hat die literarische Figur Roger
Bacon auch in diesem Text im Streben um die Milderung von
Hochmut und Aberglauben Schwierigkeiten, sich gegen auf
Zauberei abzielende Beschuldigungen zur Wehr zu setzen. Auch
die Pulver-Nummer bleibt im Text nicht ausgespart, und der
Feuerwerker Bacon weiß sich mit manchen Kunststücken
Distanz und Respekt zu verschaffen. Das Werk endet mit einem wieder in der zeitgenössischen Gegenwart angesiedel-
ten Dialog über Gefahren und Möglichkeiten einer Verhü-
tung des Lebendigbegrabenwerdens. Nach einer Zugfahrt löst
sich die dialogfreudige Abendgesellschaft der Passagiere des
Zufalls wieder auf. Ironisch heißt es gegen Ende der Unter-
haltung und der Novelle: „„Es lebe die neue Zeit, die Kultur
und die Gasbeleuchtung!' rief Julie's Mann beim Aussteigen
auf dem Bahnhofe" (*Stadthagen*, 1893: 128).

Der Science-Fiction-Schriftsteller Stanislaw Lem erwähnt Roger Bacon in seinem 1966 erschienenen Werk *Sterntagebücher* als Erfinder von zu dessen Zeiten allenfalls rein imaginär existenten Düsenjägern und Tiefseetauchbooten. Er behauptet auch, daß sich in den Werken des katalanischen Mystikers und Kombinationskünstlers Ramon Lull, der ein bekannter Zeitgenosse Bacons war, Anspielungen auf das finden, was man heute gemeinhin als „Computer" bezeichnet. Auch die Träume von den möglichen Spielarten künstlicher Intelligenz besitzen eine eigene Tradition und Überlieferungsgeschichte zwischen den Polen Faktizität und Fiktion. Selbstredend verfügt auch *Der elektronische Mönch* des englischen Science-Fiction-Parodisten Douglas Adams über einen künstlichen Kopf mit Fernsehknopfaugen.

In Umberto Ecos Kriminalroman um die verderblichen Folgen der Bücherliebe <u>Der Name der Rose</u> aus dem Jahre 1980 wird Roger Bacon als Lehrer der Hauptfigur des Romans, Bruder William von Baskerville, vorgestellt. Bacons visionäre Qualitäten werden nach der bereits im *Opus tertium* entwickelten Version abgespult. Wissen kann gottgefällig sein, orakelt Bruder William, wenn es den Menschen zugute kommt. „Roger Bacon, den ich als meinen Meister verehre, hat uns gelehrt, daß der göttliche Plan sich eines Tages durch die Wissenschaft der Maschinen verwirklichen wird, die eine *magia naturalis et sancta* ist. Und kraft der Natur wird man eines Tages Navigationsinstrumente bauen, dank welcher die Schiffe *unico homine regente* übers Meer fahren können, und sogar wesentlich schneller als jene, die angetrieben werden von Segeln oder von Rudern" (*Eco*, 1980: 25).

An späterer Stelle dichtet Eco dem Roger Bacon durch die Verklärung aus dem Mund des Bruder William die Züge eines schlichten, der Laienfrömmigkeit nahestehenden Volkshelden an: „Ich habe dir schon öfter von Roger Bacon erzählt. Er war vielleicht nicht der Weiseste aller Zeiten, aber ich war stets fasziniert von der Hoffnung, die seine Liebe zur Weisheit beseelte. Bacon glaubte an die Kraft des einfachen

Volkes, an seine Bedürfnisse und geistigen Inventionen. Er wäre kein guter Franziskaner gewesen, wenn er nicht gedacht hätte, daß die Armen und Entrechteten, die Idioten und Illiteraten oft mit dem Munde Unseres Herrn sprechen. Hätte er die Fratizellen näher kennengelernt, er wäre ihnen mit größerer Aufmerksamkeit gefolgt als den Provinzialen des Ordens. Die einfachen Laien haben etwas, daß den hochgelahrten Doktoren, die sich oft in der Suche nach den allgemeinen Gesetzen verlieren, abgeht: die Intuition des Individuellen. Aber diese Intuition allein genügt nicht. Die einfachen Laien fühlen eine Wahrheit, die vielleicht wahrer ist als die Wahrheit der Theologen, doch dann vergeuden sie diese gefühlte Wahrheit in unbedachten Aktionen. Was kann man dagegen tun? Den Laien die Wissenschaft bringen? Das wäre zu einfach oder vielleicht auch zu schwierig. Und außerdem welche Wissenschaft?" (*Eco,* 1980: 261)

Zurück zum artifiziellen Haupt, das uns nicht allein in der Literatur oder in der Malerei begegnet. 1902 hat der Filmpionier, „Alchimist des Lichts" (Enzensberger) und Illusionist Georges Méliès (1861–1938) den künstlichen Kopf auf Zelluloid gebannt und vor den Augen seines erstaunten bis erschrockenen Publikums mittels Projektion auf die Leinwand gezaubert. In seinem wunderlichen Film „Der Mann mit dem Kautschuk-Kopf" bläst ein Erfinder-Alchimist in seinem Labor einen künstlichen Kopf, der ironischerweise die Gesichtszüge seines Schöpfers Méliès trägt, mit einem Blasebalg zu einer phantastischen Größe auf, bis der Kunstkopf schließlich zerplatzt (siehe nebenstehende Abbildungen). Im Bilderkarneval des Industriezeitalters besteht der Zauberkopf selbstredend nicht mehr aus Bronze, sondern aus Gummi, dem Rohstoff des Fließbandzeitalters. Als experimentierfreudiger Zauberer mit der Kamera war Méliès durch seine phantasiereichen Märchenspiele ("Feerien") bekannt geworden, in denen sich Menschen und Dinge verwandelten, Misch- und Grenzwesen, Doppelgänger, Riesen und Zwerge auftraten, und nichts mehr das blieb, was es auf den ersten Blick zu sein

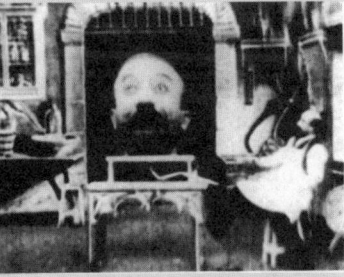

Méliès als Kunstkopf
in dem Film
„Der Mann mit
dem Gummihaupt", 1902

schien. Im zum Zaubertheater umfunktionierten Kino tobte sich Méliès' anarchische, mit Subversion gesegnete Phantasie in wilder grenzenloser Manier aus, so daß der im Parkett weilende Zuschauer glauben konnte, sekundenlang über dem Boden zu schweben.

Im Jahr 1908 meinte der Szenenschreiber Méliès über weitere dramatische Einsatzmöglichkeiten von phantastischen Köpfen im Rahmen der Herstellung von Zauberfilmen: „Ein Zauberer nimmt seinen Kopf in beide Hände, reisst ihn ab und wirft ihn zur Erde. Der Kopf wird jedoch sofort durch einen anderen ersetzt, der immer mehr anschwillt und durch einen optischen Vorgang sieht es so aus, als ob der Zauberer sich ganz in der Ferne befindet und langsam immer näher herannaht. Der Zauberer wiederholt mehrere Male sein Experiment, dann öffnet er einen enorm großen Mund, der zum Theater kleiner Miniaturkünstler wird" (Filmkritik Nr. 237, 398).

Als Meister des frühen Erzählkinos und der tausend Tricks lehrte Méliès den zum Zauberlehrling gemachten Zu-

schauer das Staunen im Spiel mit den karnevalesk versetzten
Möglichkeiten der Wahrnehmung und Wirklichkeitserfahrung.
Seine phantastische, zwischen den Polen des Unheimlichen,
Wunderbaren und Komischen schwankende Filmpoesie offe-
rierte dem Zuschauer im Blitzlichttheater Möglichkeiten zum
kurzen Rückzug aus der Wirklichkeit, hinein in eine mystifi-
zierte Traumwelt der Knalleffekte des Bühnen- und Buden-
zaubers. Gemäß seiner Selbstinszenierung als Magier der Leinwand ließ Méliès sein Publikum blitzschnell nach Utopia reisen, das gleich hinter der nächsten, noch nicht ins Bild ge-
rückten Straßenecke begehbar wird, dort, wo im Neonlicht
der Reklame die Kunstköpfe blühen. Sein Einfluß auf die Lust
am Experiment mit Paradoxien verspürenden Surrealisten in
Belgien und Frankreich war ungeheuer groß. Der eifrige Ki-
nogänger und Bricoleur René Magritte meinte sogar, wie der
Verwandlungsartist Méliès selbst, „daß es in der Kunst darauf ankommt, Bezauberung auszudrücken" und Irritation über
veränderte, also erweiterte Wahrnehmungsmöglichkeiten der
Dinge in Szene zu setzen.

In einem weiteren Nummernszenarium aus der Feder von
Méliès sieht sich ein geschwätziger Professor als Nachfolger
des stillen Magus mit dem Problem der Kopflosigkeit konfrontiert: „Professor Barbenfouillis wird von einem Zauberer
der Kopf abgehauen, weil er nicht aufhört, über den Spiritismus zu reden. Der Kopf redet weiter, darum muß er in eine
Schachtel. Doch der Körper holt sich den Kopf wieder und
die Jagd geht los. Schließlich trägt ein Skelett den Kopf, und
der Kopf redet immer noch, gegen seine Enthauptung prote-
stierend, über den Spiritismus. Im Melomaniac reißt einer
sich den Kopf ab und wirft ihn auf Telegraphendrähte. Auch
seinen Begleitern werden die Köpfe abgerissen. Die Köpfe
hängen in den Drähten, wie der Luftballon in M, und bilden die
Noten für das Lied *God save the king* und springen mit jedem
weiteren Vers um. Dann geht der Professor mit seinen Schülern
kopflos fort, die Köpfe schauen ihnen eine Weile nach, werden
dann zu Vögeln und fliegen fort" (Filmkritik 237, 456).

Auch der Surrealist Bunuel philosophiert begeistert über die annähernd sakrale Ergriffenheit durch die Faszination des Schreckens und durch den Einsatz ungewöhnlicher Mittel, die ein künstlicher Kopf im Kino als Zeichen der Verwandlung auslösen kann: „Ich vergesse nie den Schrecken, der mich, wie den ganzen Saal, bei der ersten Kamerafahrt nach vorne ergriff. Auf der Leinwand kam ein riesiger Kopf auf uns zu, wurde größer und größer, als wolle er uns verschlingen. Wie hätten wir auch wissen sollen, daß die Kamera sich dem Kopf näherte oder daß ein anderer Trick ihn größer werden ließ, wie in den Filmen von Méliès. Wir sahen, wie der Kopf auf uns zukam und unheimliche Ausmaße annahm. Und gleich dem Heiligen Apostel Thomas glaubten wir, was wir sahen" (*Bunuel,* 1983: 26).

Auf den Spuren der Meisterschaft Arcimboldos wandelt vor allem der Prager Filmalchimist, Surrealist und Zauberkünstler der Animation, Jan Švankmajer. Ebenso wie der „erste Animator" macht auch Švankmajer vermittels seiner Kunst aus Objekten ungewöhnliche Gesichter und belebte Wesen. Die Vermenschlichung von auf surreale Art zum Eigenleben erweckten Objekten in Puppen-, Animations- und realen Szenen läßt die Realität der gewöhnlichen Alltagswelt zweifelhaft erscheinen. In Jan Švankmajers mit entfesselter Kamera gedrehtem Film „Dimensionen des Dialogs" aus dem politisch für Osteuropa so schwierigen Jahr 1982 zerlegt und frißt ein farbenfroher Mischkopf aus lauter Küchengeräten einen aus Obstsorten und Nutzpflanzen bestehenden Gemüsekopf, um ihn danach wieder auszuspeien. Der letztgenannte Kunstkopf in arcimboldischer Manier wird durch diesen transformatorischen Akt, der sich in modifizierter Form mehrfach wiederholt, erneuert. Wie Arcimboldo und Méliès vertritt auch Švankmajer eine spielerische Ästhetik des Wunderbaren, des Verborgenen und Ungewöhnlichen, um großartige, beängstigende oder lachhafte Allegorien zu schaffen.

Auch die psychedelische Rockmusik einer populären Kultur der Gegenwart hat sich des sprechenden Kunstkopfes angenommen. 1974 legte der englische Tausendkünstler, Poet und Träumer Kevin Ayers in Zusammenarbeit mit den Underground-Stars Nico, Brian Eno, Rupert Hine, Ollie Halsall und anderen das inzwischen legendäre Album „The Confessions of Doctor Dream" vor. Durch den Text des lunatischen Nachtsongs „It Begins With A Blessing /...| But It Ends With A Curse" geistert ein künstlicher Kopf:

> " My head is a night club
> With glasses and wine
> But the customers dancing
> They are just *marking time...*"

Frederic Marsh alias Dr. Jekyll muß dem befremdlichen Haupt seines alter ego, Mr. Hyde, ins Auge sehen.

Überdies enthalten die von Kevin Ayers geschriebenen Texte dieser Aufnahme von hypnotischer Intensität Anspielungen auf die Beschwörungsmagie des Bacon-Kenners und Mathematikers John Dee. In anderen Songtexten lassen sich Motive und Metaphern von G. I. Gurdjieff finden.

Als „sprechende Köpfe" treten auch die Künstler der von Brian Eno und David Byrne gegründeten gleichnamigen Psycho-Rockgruppe „Talking Heads" auf. Diese Kultgruppe wurde selbst von der NEW YORK TIMES ein führender Platz „an der Spitze der Underground Hierarchie" zugewiesen. 1985 produzierten die „Talking Heads" das Album „Little Creatures" mit kritischen Texten über die moderne Plastikwelt. Im Text der Ballade „Television Man" kommt es zu einer ironischen Replik auf die Allgegenwart der Televisionskunstköpfe in modernen Zeiten:

„ I am looking and I am dreaming for the first time
I am inside and I am outside at the same time
And everything is real
Do I like the way I feel

When the world crashes in, into my living room
Television made me what I am
People like to put the television down
But we are just good friends
(I am a) television man „

Nur der beschränkte Kopf ist an Zeit und Raum gebunden.

≈

KAPITEL XI

Nachruhm
und
ein rätselhafter Fund

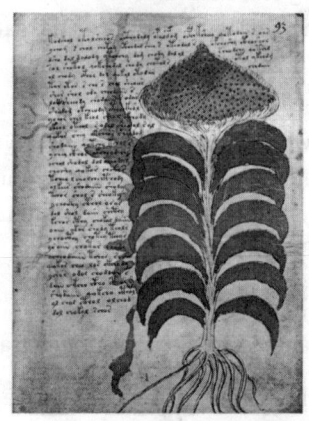

Musterseite des
„Most mysterious Manuscript"
aus der englischen Renaissance.

„Um 1300 versuchten die Menschen zunächst, die frühere
Verbindung von Theologie und Naturphilosophie zu retten,
bisweilen durch eine totalitäre Ausweitung des Systems. Roger Bacon wollte mit mathematischer Gewißheit eine Einheit
allen Wissens herstellen. Sein Lehrgebäude stand zudem mit
einer vertrauten Theorie des christlichen Fortschritts in Zusammenhang. Angeführt von einem engelsgleichen Papst
würde eine vollkommene Gesellschaft für den Menschen die
Natur besiegen und für Christus die Welt vereinigen. Apoka-
lyptisch drängte Bacon die Christenheit zur Mobilisierung,
zur Läuterung der Gesellschaft und zur Vermehrung kriege-

rischer Erfindungen, um dem kommenden Antichristen, dem grausamen Vorläufer des glücklichen Zeitalters, das kommen sollte, eine Niederlage zu bereiten. Wichtiger war der von Bacon zum Ausdruck gebrachte Begriff der mathematischen Gewißheit. Er zog religiöse Geister, wie Ramon Lull oder später Nikolaus von Kues, an; doch, so harmonisch er auch sein mochte, seine Unbrauchbarkeit für Dogmatiker schränkte seine Anziehungskraft ein" (*Mundy*, 1988: 59 f), urteilt ein Gelehrter aus heutiger Sicht mit einem gewissen Abstand über Bacons Handeln, Werk und Wirkung. Bacons Einfluß auf Zeitgenossen und Nachfahren soll in den folgenden Ausführungen näher betrachtet werden. Bemerkungen zur Editionsgeschichte seiner Werke dürfen dabei nicht fehlen.

Im Jahr 1312 verfügte Papst Clemens V., ohne den Bildungsoptimisten Bacon ausdrücklich beim Namen zu nennen, daß man an den päpstlichen Fakultäten Lehrstühle für die chaldäische, hebräische und arabische Sprache einzurichten habe. In der Praxis blieb das Echo auf diesen Vorstoß allerdings eher gering.

Bacons Traktate über Naturphilosophie, Optik und Mathematik waren eine begehrte Lektüre für Denker des Mittelalters, wiewohl seine Äußerungen über Philologie und textkritisches Bibelverständnis auf wenig Gegenliebe stießen. Der Mönch Pierre Dubois legte seinen Schülern Bacons mathematische Arbeiten nahe. Ganz in Bacons Sinne schrieb auch der um 1300 lebende Theologe Theodoricus Teutonicus in einem Werk über den Regenbogen. Er war der Ansicht, daß man der experimentell gewonnenen Erkenntnis sogar mehr als den Gedanken des Aristoteles vertrauen sollte. Solchen

Leitmaximen folgte auch der um 1350 gestorbene Nikolaus von Autrecort. Frühe Chronisten des Franziskanerordens stimmten ein Loblied auf Bruder Bacons universale Gelehrsamkeit an, obgleich sein Name in späteren Jahrzehnten nur noch selten genannt wurde.

Im *Opus maius* hatte Bacon den Papst von der Notwendigkeit einer hinreichenden Erkundung der Welt zu überzeugen versucht. Der Mönch erwog auch die Möglichkeit eines westwärts von Spanien ausgehenden Seewegs nach Indien, das vielleicht gar nicht so weit entfernt war wie allgemein angenommen. Diese Ansicht wurde im Jahr 1410 auch von Pierre d'Ailly in seiner Schrift *Imago mundi* kolportiert, die wiederum Kolumbus in seinem Vorhaben der Atlantiküberquerung stark beeinflußt haben soll. Im *Imago mundi* zitierte der Bischof von Puy en Valey aus dem geographischen Teil des *Opus maius*, ohne Bacon jedoch, ganz nach den Gewohnheiten seiner Zeit, auch beim Namen zu nennen. Alexander von Humboldt sollte später die Vermutung äußern, daß die teilweise auf der Grundlage des *Opus maius* fußende Schrift *Imago mundi* die Welterkundungspläne des Kolumbus in größerem Maß als der vielzitierte Brief des florentinischen Astronomen und Geographen Paolo Toscanelli beeinflußt haben könnte.

Im Jahr 1440 stieß der Student John Rous auf einige der etwa 200 nachgelassenen Bacon-Handschriften, die sein lebhaftes Interesse erregten. Bei weiteren Nachforschungen fand er Bruchstücke von Bacons Biographie, so auch auf einen Hinweis, der Ilchester in der Grafschaft Somerset als Geburtsort des Gelehrten angab.

In späten Jahren festigte sich Bacons Ruf als Mathematiker von Rang, und im Vorwort seiner 1590 zu Oxford gedruckten Essays wurde er dem Lesepublikum vom Herausgeber als „doctissimus mathematicus" vorgestellt. Sein Bemühen, die Mathematik nicht zu den „Schwarzen Künsten" gezählt zu wissen, wurde im Vorwort als ausgesprochen lobenswertes Unterfangen hervorgehoben. Aus dem *Opus maius* stammende Originalpassagen Bacons zum Stellenwert der

Mathematik im Kanon der Wissenschaften wurden erstmalig 1614 gedruckt.

Der Deutsche Heilbronner wußte Bacon in seiner 1742 publizierten *Historia Matheseos Universiae* ebenfalls als Pionier und Lanzenbrecher für die Mathematik zu würdigen. Sein Kollege Kästner rühmte dagegen eher Bacons Verdienste um die Optik in der 1797 erschienenen *Geschichte der Mathematik*. In Frankreich machte der Mathematiker Bossut auf Bacon und dessen optische Experimente aufmerksam. „Einen der größten Geister aller Zeiten" und „die erstaunlichste Erscheinung des Mittelalters" nannte Alexander von Humboldt den englischen Franziskaner, ohne ihn jedoch als Mathematiker besonders hervorzuheben.

Im Jahr 1614, also fünf Jahre nach der Erfindung des Teleskops, ließ der Marburger Professor für Philosophie Combach Bacons Werk *De speculis comburentibus* über Brennspiegel und die Vervielfältigung des Lichts unter dem Titel *Tractatus de speculis* drucken.

Zu den Verwirrungen in der publizistischen Nachwelt stiftenden Aspekten des *Opus maius* zählt der Umstand, daß keines der erhalten gebliebenen Manuskripte, Versionen und Abschriften alle Teile des umfangreichen Werkes aufweisen kann. Bacon hat oft ein und dasselbe Material für mehrere Schreibprojekte verwendet, wodurch er sich oft wiederholt. Das Papst Clemens IV. vorgelegte Buch *Opus maius* selbst ist das Produkt unzähliger Schreibanläufe und diverser Fassungsentwürfe. Der letzte Teil über die Moralphilosophie wurde erst unlängst wiederentdeckt, ebenso wie das unvollständig aufgefundene Traktat zu Bacons Zeichentheorie *De signis*. Es muß um 1267 verfaßt worden sein und stellt vermutlich ein Bruchstück der an den Papst geschickten Urfassung des *Opus maius* dar.

Mitte des 17. Jahrhunderts waren Teile des *Opus maius* in England gedruckt worden, die sich in der Hauptsache mit Problemen der Optik und Mathematik beschäftigten. Erst 1733 gab der Arzt Samuel Jebb Bacons Hauptwerk in einer groß angelegten Teiledition heraus, wobei allerdings der Abschnitt über Moralphilosophie ausgespart blieb, vielleicht weil man ihn gemessen an der protestantischen Ethik für unzeitgemäß hielt oder weil man mit Rücksicht auf die kleine Anzahl der Subskribenten an den Druckkosten sparen wollte. Nun konnte das legendäre Zerrbild von Bacon als Schwarzkünstler einer Revision unterzogen werden. Im Jahre 1750 erschien eine Neuauflage in Venedig. Jebbs Edition diente als Wegbereiter für die im 19. Jahrhundert vorherrschende positivistische Deutungsfolie, die Roger Bacon überhaupt nicht als Mann seiner Zeit, sondern vor allem als findigen Vorreiter der Naturwissenschaften, Theoretiker des zivilisatorischen Fortschritts und Rebell wider die Bevormundung durch den Scholastizismus verstanden wissen wollte. Daß Bacon auch in den Befangenheiten seiner Zeit steckengeblieben und vor allem ein gelehrter reformbestrebter „homo religiosus" war, wollte man nicht wahrhaben.

Vollständig erschien das *Opus maius* erst 1897 in der zweibändigen Edition von J. H. Bridges sowie einem dritten Supplementband, der 1900 in London gedruckt wurde. Eine englische Übersetzung liegt seit 1928 vor.

1859 erschien die summarische Zusatz- und Nachschrift *Opus minus* in einer Teiledition. Im Jahre 1912 wurde in Oxford das *Opus tertium* herausgegeben. Unter der Regie des Gelehrten Robert Steele konnten zwischen 1911 und 1940 neun weitere Traktate von Bacon, überwiegend zu Aristoteles und zur Naturphilosophie, gedruckt erscheinen.

Im Jahre 1861 veröffentlichte der französische Gelehrte Emile Charles eine bemerkenswerte Biographie unter dem Titel *Roger Bacon. Sa vie, ses ouvrages, ses doctrines.* Auch in dieser für die Bacon-Rezeption richtungsweisenden Pionierarbeit wurde Bacon expressis verbis ein Standbild als weiser Mann und findiger Geist errichtet, der seiner Zeit weit voraus war und mit der Ignoranz seiner Zeitgenossen zu kämpfen hatte. Die Tatsache, daß Charles nur wenige Originalmanuskripte einsehen konnte, mindert heute den Aussagewert seiner Arbeiten erheblich.

Mehr oder minder bewußt heruntergespielt wurden in den positivistisch angehauchten Darstellungen des 19. Jahrhunderts von Bacons Leben und Werk auch dessen Interesse an der Alchimie, der magia naturalis und Astrologie. Diese geistesgeschichtlich bedeutsamen Aspekte in Bacons facettenreichem Lebenswerk sollten erst im 20. Jahrhundert größere Aufmerksamkeit finden.

Wie stark das heutige Interesse an der Person, den Ansichten und Bemühungen Bacons ist, zeigt ein Blick auf die eigens für dieses Buch erstellte Auswahlbibliographie mit ihrer enormen thematischen Vielfalt und Darstellungsbandbreite. Theologisch und philosophiegeschichtlich ausgerichtete Einzel- und Gesamtdarstellungen nehmen einen großen Anteil ein, aber auch die moderne, semiotisch ausgerichtete Kommunikationswissenschaft hat ihr Interesse an Roger Bacon als Theoretiker der Zeichen entdeckt und stetig erweitert.

Großes Aufsehen und beträchtliche Verwirrung stiftete die allgemein als Sensation empfundene Entdeckung eines Roger Bacon zugeschriebenen Manuskriptes im Jahre 1912 durch den bibliophilen Antiquar Wilfried M. Voynich. Dieser amerikanische Bücherliebhaber kaufte in Mandragone, einem Dorf im italienischen Frascati, die äußerlich unscheinbare, schön illustrierte, aber verschlüsselte Handschrift, die fortan seinen Namen tragen sollte. Die Gewißheit, einen seltenen, kostbaren Buchschatz in Händen zu haben, ohne ihn verstehen zu können, veranlaßte Voynich, namhafte amerikanische Wissenschaftler um Unterstützung bei der Enträtselung zu bitten und sie mit Kopien und Photos zu versorgen.

Unter den amerikanischen Gelehrten, die sich des seltsamen Fundes annahmen, befand sich der Professor für Philosophie an der Universität von Pensylvania, William Romaine Newbold. Im Jahre 1921 glaubte der auf vielen Sektoren des Wissens arbeitende Mann, der Decodierung des verschlüsselten Textes einen großen Schritt näher gekommen zu sein. Nach Ansicht des Gelehrten konnte nur Roger Bacon hinter

Originalseite
einer Bacon-Handschrift.

Musterseite des
„Most mysterious Manuscript"
aus der englischen Renaissance.

der umstrittenen Verfasserschaft des Manuskriptes stecken.
Professor Newbold hatte gehofft, beweisen zu können, daß
Bacon bereits im 13. Jahrhundert naturkundliche Kenntnisse
besaß, beispielsweise über die Existenz des Andromeda-Ne-
bels oder den Aufbau von körpereigenen Zellstrukturen, die
er sich nur mit Hilfe des Teleskopes und des Mikroskopes
verschafft haben konnte.

   Eine derart große Freude an hypothetischen Denkspielen,
über die während der 20er Jahre in allen amerikanischen
Sonntagszeitungen berichtet wurde, konnte nicht lange un-
widersprochen bleiben. 1928 veröffentlichte ein Freund zunächst die fragmentarischen Aufzeichnungen Newbolds, der
inzwischen verstorben war. Kritikern wurde ziemlich schnell
klar, daß Newbold bei seinen Decodierungsversuchen über
weite Passagen dem eigenen Wunschdenken beziehungsweise unbewußten mentalen Prozessen aufgesessen war, die zu
einer Art Selbsttäuschung geführt hatten. Der Kern des rätselhaften Textes blieb auch weiterhin unangetastet. Am Ende hätte man wohl jede x-beliebige Botschaft aus ihm herauslesen
können, meinte der Experte und Newbold-Kritiker John Manly.
Im Jahr 1945 behauptete der Physiker Lionel Strong, den
Schlüssel zum Klartext gefunden zu haben. Für ihn war der
englische Renaissancegelehrte Antony Ascham der Verfasser
des Werkes. Angeblich aus Furcht, der deutschen Spionage-
abwehr einen möglicherweise wichtigen Code für Operatio-
nen der zwielichtigen Art zuzuspielen, verzichtete Strong auf
eine Veröffentlichung von Details. Leider „vergaß" der findi-
ge Mann dieses bei Kriegsende nachzuholen.

Kaum war der II. Weltkrieg vorüber, nahmen sich pensio-
nierte Geheimdienstler von Rang und alliierte Decodierungs-
experten wie der hoch dekorierte Lt. Col. William Friedman
des Voynich-Manuskriptes an, allerdings ohne des Rätsels
Lösung bieten und den Geheimcode „knacken" zu können.
Deutlich wurde lediglich, daß der Klartext nicht in einem
einfachen Cryptocode, sondern in einer Ideen und Objekte
repräsentierenden künstlichen Sprache codiert worden war,

zu der einfache Zahlencodes keinen Schlüssel bieten konnten. Also war das Voynich-Manuskript gar nicht im klassi-
schen Sinne chiffriert, sondern in einer bis auf den heutigen
Tag unbekannten Kunstsprache abgefaßt worden? Entnervt
notierte der an einer allgemeinen Geschichte des Geheim-
schriftenwesens und seiner Entschlüsselungsmöglichkeiten
interessierte Experte Friedman in einem Brief: „Ich habe überhaupt keine Zeit mehr. Ich jongliere gleichzeitig mit 15 Bäl-
len und werde langsam ein wenig müde über diese Übung"
(übersetzt nach *Zimansky*, 1978: 107). Friedman änderte mehrfach seine Meinung über den Verschlüsselungscode und mögliche Urheber des Textes, ohne eine befriedigende, alle Zweifel
ausräumende Erklärung bieten zu können. Der jähe Tod
Friedmans setzte weiteren Bemühungen ein vorläufiges Ende.

In den 70er Jahren wurde ein letzter großer Dechiffrierungs-
versuch am Rande einer „wissenschaftlichen Mystifikation"
unternommen, der im Ergebnis so unbefriedigend wie die
vorangegangenen Unternehmungen blieb. Verbarg sich vielleicht nur der Scherz eines fleißigen Mönches hinter dem
Manuskript? Angesichts des großen Arbeitsaufwandes klang
auch diese Hypothese nur wenig wahrscheinlich oder plausibel. Bloße Mutmaßungen und Spekulationen konnten keine handfesten Erklärungen ersetzen.

Nach dem Tod der Schriftstellerin Edith Voynich wurde
der rätselhafte Fund von dem Raritätensammler Hans Kraus
erstanden, der es schließlich dem Raritätenkabinett der Buch-
sammlung „Beinecke Rare Book Library" an der Yale-Uni-
versität in Amerika übergab. 160 000 Dollar hatte Kraus 1962
per Auktion für ein Buch bezahlt, das eigentlich niemand
lesen konnte. In einem Interview gab Kraus Vertrauliches zu
verstehen: „Zu dem Zeitpunkt, an dem es irgend jemand lesen kann, wird das Buch eine Million Dollar wert sein."

Soweit ist es allerdings noch nicht gekommen, und der
Schleier des Geheimnisses blieb bis zum heutigen Tag unge-
lüftet. Als durchaus möglich wurde inzwischen erwogen, daß
es sich bei dem Manuskript um eine aus der Renaissance stam-

mende Abschrift eines älteren Geheimtextes aus dem Mittelalter handeln könnte. Diese Annahme würde auch einen Teil der Verwirrung auflösen, den eine botanische Zuordnung 1944 hervorgebracht hatte. Der Botaniker O'Neill glaubte einige der das Voynich-Manuskript bebildernden Pflanzen identifizieren zu können. Darunter war auch ein Gewächs, das erst durch Kolumbus 1493 aus der Neuen Welt nach Europa eingeführt wurde und das Bacon also nicht gekannt haben konnte.

So spannend wie die Decodierungsversuche ist auch die Überlieferungsgeschichte des mutmaßlichen Verbleibs des Textes. Danach gelangte das „Manuskrypt" durch die Vermittlung des bereits erwähnten John Dee in die Hände des alchimistisch interessierten Kaisers Rudolf II., der es für einen kostbaren Originaltext Roger Bacons hielt. Nach Rudolfs 1611 erzwungener Abdankung gelangte das Büchlein in den Besitz seines Hofbotanikers Jacobus de Tepenecz, der Prag 1618 verließ. Nach dem Tod des Botanikers im Jahr 1622 fiel das Manuskript in anonym gebliebene Hände, die sich fleißig mühten, das Rätsel zu lösen, was aus einigen Randnotizen hervorgeht. Zwischen 1600 und 1644 erbte Marcus Marci, der Rektor der Prager Universität die Handschrift. Der Arzt und Adept der Alchimie Marci erwähnte auch, daß man zu Kaiser Rudolfs Zeiten und danach Roger Bacon für den Verfasser hielt. 1665 oder 1666 sandte Marci das Buch als Geschenk an den renommierten Gelehrten Doktor Athanasius Kircher. Der Jesuit beschäftigte sich mit Archäologie, Geographie, Mathematik, Physik, Geologie und darüber hinaus auch mit der Philosophie des magischen Denkens sowie mit Kryptographie, über die er ein Traktat verfaßte. Hinsichtlich des Manuskriptes schrieb Marci in einem Begleitbrief an Kircher, daß „eine solche Sphinx" ihr Geheimnis nur dem gelehrten Kircher selbst enthüllen würde. Leider ist über den Grad von Kirchers Bemühungen um eine Entschlüsselung nichts überliefert. Nach Kirchers Tod im Jahre 1680 wurde das Voynich-Manuskript zusammen mit Kirchers nachgelassenen Schriften zunächst nach Rom beziehungsweise in die Nähe der Papststadt gebracht. Jahrhundertelang lagerte es dann unberührt in Italien, bevor es der amerikanische Büchersammler Voynich im Rahmen eines größeren Buchgeschäftes kaufen konnte.

Die Auffindung des Voynich-Manuskripts hat auch auf wissenschaftlicher Basis die Legendenbildung um Roger Bacons Werk und Wirken kräftig angeheizt und schon deshalb muß mit neuen Enthüllungen gerechnet werden. So wird „das mysteriöseste Manuskript der Welt" (*Brumbough* 1978: IX) auch in Zukunft weiterhin Rätsel über seinen Inhalt und die Art seiner Verschlüsselung aufgeben. Ob es tatsächlich aus Roger Bacons Feder stammt, läßt sich heute nicht restlos schlüssig nachweisen.

Der große Franziskaner war sowohl ein origineller Grenzgänger und Denker mit faustischen Charakterzügen wie auch ein überaus fleißiger Kompilator unzeitgemäßer Betrachtungen und zeitgenössischer Meinungen. Seit seinem Tod wurden und werden Bacons schmelztiegelartige Schriften immer aufs neue studiert, um ihnen weitere Destillate des Geistes zu entlocken.

ॐ

Zeittafel

1202	Tod des Joachim von Floris
	4. Kreuzzug und Zerstörung Konstantinopels durch die Kreuzfahrer
1207	Albertus Magnus geboren
1208	Beginn des 20jährigen Albigenserkreuzzuges
	Anfänge der Franziskaner unter Führung des Franz von Assisi
1209	Verdammung der naturwissenschaftlichen Schriften des Aristoteles in Paris
1212	Kinderkreuzzug
	Friedrich II. begibt sich von Sizilien nach Deutschland
1214	Roger Bacon geboren
1215	IV. Laterankonzil in England
	Unterzeichnung der Magna Charta in England
1217	5. Kreuzzug
1219	Die ersten Franziskanermönche kommen nach Deutschland
1220	Friedrich II. wird zum Kaiser gekrönt
1223	Ordensregel der Franziskaner
1224	Die ersten Franziskaner kommen nach Oxford
1225	Thomas von Aquin geboren
1226	Bacon beginnt seine Studien in Oxford
	Tod des Franz von Assisi
1231	Die Inquisitionsgewalt wird den Dominikanermönchen auferlegt
1232/34	Kreuzzug gegen die Stedinger Bauern
	Kreuzzugsaufruf gegen die Häretiker in Bosnien
1235	Judenmassaker in Deutschland
	Bacon reist erstmalig nach Paris
1248	7. Kreuzzug
	Bacon arbeitet an der Schrift *De secretis operibus artis et naturae et de nullitate magiae*
1250	Gefangennahme König Ludwigs des Heiligen in der Nähe von Mansurah

1251	Aufstand der Pastorellen-Bewegung
1252	Bacon kehrt nach Oxford zurück
1255	Tod des Robert Grosseteste
	Eintritt Bacons in den Franziskanerorden
1257	In Paris muß Bacon seine Klosterhaft antreten
1258	Die Mongolen erobern Bagdad
	Bacons Familie beteiligt sich auf der Seite des Königs am
	Bürgerkrieg in England
1260	Die Mamelucken besiegen die Mongolen
1265	Guy d'Fulcodi wird Papst
1267	Bacon beendet das *Opus maius* und *Opus minus*
1268	Papst Clemens IV. stirbt
	Bacon schreibt das *Opus tertium*
1270	Ludwig der Heilige stirbt vor Tunis
1271	Marco Polo bereist China
1274	Tod des Thomas von Aquin
1275/80	Jean de Meung schreibt den *Roman de la Rose*
1276	Bacon schreibt *De retardandis senectutis accidentibus*
1277	Beginn einer neuen Klosterhaft
1280	Tod des Albertus Magnus
1290	Bacon ist erneut nach Oxford zurückgekehrt und nimmt seine
	Schreibtätigkeit wieder auf
1291	Tod des Rudolf I. von Habsburg
1292	Tod Bacons und Beisetzung in der Kirche der Franziskaner zu
	Oxford

Auswahlbibliographie

Roger Bacon:

Compendium studii theologiae, ed. Hastings Rashdall. Aberdeen 1911

Un fragment inédit de l'Opus tertium de Roger Bacon, ed. Pierre Duhem, Quaracchi 1909

Opera hactenus inedita, edd. Robert Steele and Ferdinand M. Delorme, Oxford 1905-40, 16 fasc.:

Fasc. 1: Metaphysica Fratris Rogeri Ordinis Fratrum Minorum de viciis contractis in studio theologie, 1905?

Fasc. 2: Liber primus communium naturalium Fratris Rogeri 1905? (Parts 1 - 2.)

Fasc. 3: Liber primus communium naturalium Fratris Rogeri, 1911 (Parts 3-4.)

Fasc. 4: Liber secundus communium naturalium Fratris Rogeri de celestibus, 1913 (Parts 1-5.)

Fasc. 5: Secretum secretorum cum glossis et notulis: tractatus brevis et utilis ad declarandum quaedam obscure dicta Fratris Rogeri, 1920

Fasc. 8: Questiones supra libros quatuor Physicorum Aristotelis, ed. Ferdinand Delorme with Steele, 1928

Fasc. 10: Questiones supra libros prime philosophie Aristotelis, with Delorme, 1930

Fasc. 13: Questiones supra libros octo Physicorum Aristotelis, ed. Ferdinand Delorme with Steele, 1935

Fasc. 14: Liber de sensu et sensato [et] Summa de sophismatibus et distinctionibus, 1937

Fasc. 15: Summa grammatica magistri Rogeri Bacon necnon Sumule dialectices magistri Rogeri Bacon, 1940

Opera quaedam hactenus inedita, ed. J. S. Brewer, London 1859, Reprint London 1965

The Opus Maius of Roger Bacon, ed. John Henry Bridges, Oxford 1897

The Opus Maius of Roger Bacon , ed. John Henry Bridges, London 1900, Reprint Frankfurt a. M. 1964

The Opus Maius of Roger Bacon, trans. Robert B. Burke, Philadelphia 1928, Reprint New York 1962

Part of the Opus Tertium of Roger Bacon, including a fragment now printed for the first time, ed. A. G. Little, Aberdeen 1912

Rogerii Bacconis Perspectiva, ed. I. Combach, Frankfurt 1614

Rogerii Bacconis Specula mathematica, ed. I. Combach, Frankfurt 1614

„An Unedited Part of Roger Bacon's Opus maius: De signis", ed. Karin Fredborg, Lauge Nielsen and Jan Pinborg, in : Traditio 34 (1978), S. 75-136

Roger Bacon's Philosophy of Nature: A Critical Edition, with English Translation, Introduction, and Notes of De multiplicatione specierum and De speculis comburentibus, ed. David C. Lindberg, Oxford 1983

Sekundärliteratur

Alhazen: „Abhandlung über das Licht von Ibn al-Haitam", in: Zeitschrift der deutschen morgenländischen Gesellschaft, 36 (1882), S. 195 - 237

Avicenna, Avicenna Latinus: Liber de anima seu sextus de naturalibus I-II-III, ed. S. van Riet, Leiden 1972

Avicenna: Metaphysica, ed. Iuntina in: Opera Philosophica, Venecia 1508, Reprint Frankfurt a. M. 1961

Aristoteles: The Basic Works of Aristotle, ed. Richard McKeon, New York 1941

Bakhtin, Mikhail: Speech Genres and Other Late Essays, Austin 1986

Bauer, Hans: Der wunderbare Mönch, Leipzig 1963

Baur, Ludwig: „Der Einfluß des Robert Grosseteste auf die wissenschaftliche Richtung des Roger Bacon", in: A. G. Little: Roger Bacon Essays, Oxford 1914, S. 33 - 54

Bender, Hans: Parapsychologie – Entwicklung, Ergebnisse, Probleme. Wege der Forschung IV, Darmstadt 1966

Bloch, Ernst: Leipziger Vorlesungen zur Geschichte der Philosophie 1950 - 1956, Band 2: Christliche Philosophie des Mittelalters, Philosophie der Renaissance, Frankfurt a. M. 1985

Blumenberg, Hans: „Licht als Metapher der Wahrheit im Vorfeld der philosophischen Begriffsbildung", in: Studium Generale, 10 (1957), S. 432 - 447

Boehner, Philotheus: „Ockham's Theory of Signification", in: Franciscan Studies 6 (1946), S. 143 - 170

Borst, Arno: Lebensformen im Mittelalter, Frankfurt a. M. 1979

Bremer, Dieter: „Hinweise zum griechischen Ursprung und zur europäischen Geschichte der Lichtmetaphysik", in: Archiv für Begriffsgeschichte, 17 (1973), S. 7 - 22

Bremer, Dieter: „Licht als universales Darstellungsmedium: Materialien und Bibliographie", in: Archiv für Begriffsgeschichte, 18 (1974), S. 185 - 206

Bultmann, Rudolf: „Zur Geschichte der Lichtsymbolik im Altertum", in: Philologus 97 (1948), S. 1 - 36

Bunuel, Luis: Mein letzter Seufzer: Erinnerungen, Königstein 1983

Bystrina, Ivan: Semiotik der Kultur, Tübingen 1989

Callus, Daniel: Robert Grosseteste: Scholar and Bishop, Oxford 1955

Carton, Raoul: L'expérience mystique de l'illumination intérieure chez Roger Bacon, Paris 1924

Carton, Raoul: La synthèse doctrinale de Roger Bacon, Paris 1924

Charles, Émile: Roger Bacon, sa vie, ses ouvrages, ses doctrines, Paris 1861

Clulee, Nicholas: „Astrology, Magic, and Optics: Facets of John Dee's Early Natural Philosophy", in: Renaissance Quarterly, 30 (1977), S. 632 680

Clulee, Nicholas: John Dee's Natural Philosophy. Between Science and Religion. London 1988

Crombie, A. C.: Robert Grosseteste and the Origins of Experimental Science 1100 - 1700, Oxford 1953, Reprint Oxford 1962

Crowley, Theodore, O. F. M.: Roger Bacon: The Problem of the Soul in His Philosophical Commentaries, Louvain/Dublin 1950

Easton, Stewart: Roger Bacon and His Search for a Universal Science, Oxford 1952

Eco, Umberto: Der Name der Rose, München 1982

Eco, Umberto: „Laudatio auf Thomas von Aquin"; in: Über Gott und die Welt, München 1985, S. 284 ff.

Erzgräber, Willi: Utopie und Antiutopie in der englischen Literatur, München 1980

Filmkritik Nr. 273, Hartmut Bitomsky: Das Goldene Zeitalter der Kinematographie, Berlin 1976

Fisher, N. W. and Unguru, Sabetai: „Experimental Science and Mathematics in Roger Bacon's Thought", in: Traditio 27 (1971), S. 353-378

Fredborg, Karin Margarita: „Roger Bacon on ,Impositio Vocis ad Significandum'", in: English Logic and Semantics: From The End of the Twelfth Century to the Time of Ockham and Burleigh. Acts of the 4th European Symposium on Mediaeval Logic and Semantics, Leiden-Nijmegen, 23-27 April 1979, ed. H. A. G. Braakhuis, C. H. Kneepkens, L. M. de Rijk, Nijmegen 1981, S. 167 - 191

French, Peter: John Dee: The World of an Elisabethan Magus, London 1972

Gasquet, F.: „An Unpublished Fragment of a Work by Roger Bacon", in: English Historical Review 12 (1897), S. 494 - 517

Gurevic, Aaron Ja.: „Zapadnoevropejskie videnija potustoronnego mira i ,realizm' srednich vekov", in: Trudy po znakovym sistemam", VIII., in: Ucennye zapiski TGU, vyp. 411 1977, S. 3 - 27, unter dem Titel: „Westeuropäische Visionen des Jenseits und der ,Realismus' des Mittelalters", ins Deutsche übersetzt von Christian Pfeifer, Kiel

Gurjewitsch, Aaron: Das Weltbild des mittelalterlichen Menschen, München 1980

Hackett, Jeremiah: „The Attitude of Roger Bacon to the Scientia of Albertus Magnus", in: Weisheipl, James: Albertus Magnus and the Sciences: Commemorative Essays 1980, Toronto 1980, S. 53 - 72

Hamilton, Gertrude: Three Worlds of Light: The Philosophy of Light in Marsilio Ficino, Thomas Vaughan and Henry Vaughan, Phil. diss. Rochester 1974

Heck, Erich: Roger Bacon – Ein mittelalterlicher Versuch einer historischen und systematischen Religionswissenschaft, Bonn 1957

Heer, Friedrich: Kreuzzüge – gestern, heute, morgen? Luzern 1969

Hirsch, S. A. : „Roger Bacon And Philology", in: Little, A. G: Roger Bacon Essays, Oxford 1914, S. 101 - 151

Höver, P. Hugo: „Roger Bacons Hylomorphismus als Grundlage seiner philosophischen Anschauungen", in: Jahrbuch für Philosophie und spekul. Theologie XXV (1911)

Huizinga, Johan: Herbst des Mittelalters, Stuttgart 1975

Hutton, Edward: The Franciscans in England, London 1926

Ivanov, V. V.: „Einleitung zum Sammelband ‚Symposium zur strukturellen Erforschung von Zeichensystemen'", in: Eimermacher, Karl: Semiotica Sovietica I: Sowjetische Arbeiten der Moskauer und Tartuer Schule zu sekundären modellbildenden Zeichensystemen (1962 - 1973), Aachen 1986

Kluxen Kurt: Geschichte Englands, Stuttgart 1985

Kriegeskorte, Werner: Guiseppe Arcimboldo, Köln 1986

Kuper, Michael: „Auf den Spuren eines englischen Philosophen der Renaissance", in: Michael Kuper: John Dee und der Engel vom westlichen Fenster, Berlin 1993

Kuper, Michael: Zur Semiotik der Inversion: Verkehrte Welt und Lachkultur im 16. Jahrhundert, Berlin 1993

Kuper, Michael: Agrippa von Nettesheim – Ein echter Faust, Berlin 1994

Lea, Henry Charles: Die Inquisition, Nördlingen 1985

Leach, Edmund: Kultur und Kommunikation. Zur Logik symbolischer Zusammenhänge, Frankfurt a. M. 1978

Lehmann, Johannes: Die Kreuzfahrer, München 1976

Lindberg, David C.: Science in the Middle Ages, Chicago 1978

Little, A. G.: „Introduction on Roger Bacon's Life and Works", in: ders.: Roger Bacon Essays, Oxford 1914, S. 1 - 31

Little, A. G.: „Roger Bacon's Works", in: ders.: Roger Bacon Essays, Oxford 1914, S. 375 - 426

Loose, Patrice Koelsch: Roger Bacon on Perception: A Reconstruction And Critical Analysis of the Theory of Visual Perception Expounded in the Opus Maius, Ann Arbor 1979

Lotman, Jurij M.: Die Struktur des künstlerischen Textes, Frankfurt a. M. 1973

Lotman, Jurij M.: Kunst als Sprache: Untersuchungen zum Zeichencharakter von Literatur und Kunst, Leipzig 1981

Maloney, Thomas S.: „The Extreme Realism of Roger Bacon", in: Review of Metaphysics 38(1985), S. 807-837

Maloney, Thomas S.: „The Semiotics of Roger Bacon", in: Mediaeval Studies 45 (1983), S. 120 - 154

Manuel, Frank: Wunschtraum und Experiment: Vom Nutzen und Nachteil utopischen Denkens, Freiburg 1970

Marlowe, Christopher: Die tragische Historie von Doktor Faustus, Stuttgart 1964

Molland, A. G.: „Roger Bacon as Magician", in: Traditio 30 (1974), S. 445 - 460

Moorman, John: A History of the Franciscan Order from its Origin to the Year 1517, Oxford 1969

Mundy, John: „Kirche und religiöses Leben", in: Propyläen Geschichte der Literatur, Bd. 2, Berlin 1988

Nauert, Charles: Agrippa and the Crisis of Renaissance Thought, Urbana 1965

Nettesheim, Agrippa von: Die Eitelkeit und die Unsicherheit der Wissenschaften und die Verteidigungsschrift. Herausgegeben von Fritz Mauthner, münchen 1913

Nettesheim, Agrippa von: De occulta philosophia - Die magischen Werke, Wiesbaden 1982

Newbold, William: The Cipher of Roger Bacon, London 1928

Pattison-Muir, M.: „Roger Bacon: His Relations to Alchemy and Chemistry", in: Little, a. a. O., S. 285 - 320

Pinborg, Jan: „The English Contribution to Logic before Ockham", in: Synthese 40 (1979), S. 19 - 42

Pinborg, Jan: „Roger Bacon on Signs: A Newly Recovered Part of the Opus Maius", in: Miscellanea Medievalia 13 (1981), S. 403 - 412

Pohl, C.: Das Verhältnis der Philosophie zur Theologie bei Bacon, Neustrelitz 1893

Riley-Smith, Jonathan: Großer Bilderatlas der Kreuzzüge, Freiburg 1992

Rola, Stanislas Klossowski De: The Golden Game. Alchemical Engravings of the Seventeenth Century, London 1988

Sandys, John: „Roger Bacon in English Literature", in: Little, a. a. O., S. 359 - 372

Scherer, Richard: Alchymia: Die Jungfrau im blauen Gewande. Alchimistische Texte des 16. und 17. Jahrhunderts, Mössingen-Talheim 1988

Seligmann, Kurt: Das Weltreich der Magie, Stuttgart 1958

Sharp, Dorothea: Franciscan Philosophy at Oxford in the Thirteenth Century, Oxford 1930

Smith, David: „The Place of Roger Bacon in the History of Mathematics", in: Little, a. a. O., S. 153 - 183

Stadelmann, Rudolf: Vom Geist des ausgehenden Mittelalters: Studien zur Geschichte der Weltanschauung von Nicolaus Cusanus bis Sebastian Franck, Halle 1929

Steele, Robert: „Roger Bacon and the State of Science in the Thirteenth Century", in: Singer, Charles: Studies in the History and Method of Science, Vol. 2, Oxford 1921, S. 121 - 150

Thorndike, Lynn: A History of Magic and Experimental Science, New York 1923 - 1956

Tuchman, Barbara: Der ferne Spiegel. Das dramatische 14. Jahrhundert, Düsseldorf 1980

Turner, Victor: Drama, Fields and Metaphors: Symbolic Action in Human Society, Itaca 1974

Vance, Eugene: Mervelous Signals: Poetics and Sign Theory in the Middle Ages, Lincoln 1986

Velthoven, Theo van: „Zeichen, Wahrheit, Macht", in: Kroeber, Burkhart: Zeichen in Umberto Ecos Roman *Der Name der Rose*, München 1987, S. 276-301

Vogl, Sebastian: „Roger Bacons Lehre von der sinnlichen Spezies und vom Sehvorgange", in: Little, a. a. O., S. 205 - 227

Wiedemann, Eilhard: „Roger Bacon und seine Verdienste um die Optik", in: Little, a. a. O., S. 185 - 203

Wightman, W.: Science and the Renaissance, London 1962

Wöhler, Hans-Ulrich: Geschichte der mittelalterlichen Philosophie, Berlin 1990

Wolter, Allan: „Bacon, Roger", in: The Encyclopedia of Philosophy, ed. Paul Edwards, Vol. 1, New York 1967, S. 240 - 242

Würschmidt, J.: „Roger Bacons Art des wissenschaftlichen Arbeitens, dargestellt nach seiner Schrift *De speculis* ", in: Little, a. a. O., S. 229 - 239

Yates, Francis A.: „The Art of Ramon Lull: An Approach to it through Lull's Theory of Elements", in: JWCl, XVII (1954)

Yates, Francis A.: Aufklärung im Zeichen des Rosenkreuzes, Stuttgart 1975

Yates, Francis A.: „Die hermetische Tradition in der Renaissanceforschung", in: Giordano Bruno in der englischen Renaissance, Berlin 1989

Yates, Francis A.: Die okkulte Philosophie im elisabethanischen Zeitalter, Amsterdam 1991

Zimansky, Curt: „William F. Friedman and the Voynich Manuscript", in: Robert Brumbough: The Most Mysterious Manuscript: The Voynich „Roger Bacon" Cipher Manuscript, Carbondale 1978, S. 99 - 108

Bilderverzeichnis:

Seite 1 und 5 Idealportrait Bacons (unbekannter Meister)

Seite 14 Das vermutlich älteste Portrait des Franziskus, Fresko in der Kapelle des heiligen Gregor in Subiaco

Seite 20 Roger Bacon (Deutsches Museum, München)

Seite 21 Merton College, Oxford, gegründet unter König Heinrich III (aus: Hans Bauer, „Der wunderbare Mönch")

Seite 27 Idealbild des Aristoteles, (unbekannter Meister)

Seite 30 Blick auf den Innenhof der Sorbonne im 17. Jahrhundert (aus: Jean Bonnerot, „La Sorbonne", Paris 1927)

Seite 36/37 Franziskus vor dem Sultan El-Kamel (Predellenbild von Fra Angelico um 1440. Staatliches Lindenau-Museum, Altenburg)

Seite 39 Schriftprobe aus einem Werk Roger Bacons. Die unterstrichenen Wörter sind verschlüsselt.

Seite 42/43 Astronom und Mathematiker bei seinen Berechnungen. Nach einem Kupferstich aus dem 16. Jahrhundert.

Seite 45 Bacons Turm in Oxford (aus: Oxonia Antiqua Restaurata, Oxford 1823)

Seite 46 Hafenbrücke in Oxford mit Bacons Turm (aus: ebenda)

Seite 47 Astronomen bei der Arbeit (aus: „Katalog der Pariser Weltausstellung 1900 in Wort und Bild")

Seite 51 Teilansicht von „Alchemistische Meister", Kupferstich von Aegidius Sadeler (aus: Oswald Croll, „Basilca chymica", Frankfurt a. M. 1629)

Seite 53 Bonaventura. Fresco in einer Vatikan-Kapelle

Seite 58 Papst Clemens IV. belehnt Karl von Anjou mit Neapel. Freco um 1266 (aus: Propyläen – Weltgeschichte, Berlin 1932, Bd. 4)

Seite 63 Faksimile einer illuminierten Bacon-Handschrift des 14. Jahrhunderts

Seite 79 William von Ockham, Handzeichnung aus dem Jahre 1341

Seite 84 Illustration aus Bacons medizinischer Schrift „De retardandis senectutis accidentibus..."

Seite 92 Ausschnitt aus: Der Orden der Erleuchteten, Kupferstich nach Franz Cleyn (in: A true and faithful relation of what passed for many years between Dr. John Dee ... and some spirits ...with a preface... by Maric Casaubon. London 1659)

Seite 94/95 Semiotik bei der Deutschen Bundesbahn

Seite 97 John Dee im 3. Band des „Deutschen Theatrum Chemicum" von Roth-Scholz, Nürnberg 1732.

Seite 106 Aus: Michael Maier, „Symbola Aurea Duodecim Nationem", Frankfurt am Main, 1617

Seite 107 Aus: Basilio Valentino, „Practica cum Duodecim clavibus et Appendice, de Magno Lapide Antiquorum Sapientum, scripta & relicta", Francofurti, o. J. Basilius Valentinus war angeblich im 15. Jahrhundert Prior zu St. Peter in Erfurt.

Seite 108 Aus: Daniel Mylius, „Opus medicochymicum ...", 1618

Seite 110 Max Ernst: Papas Verkündigung: „Lieber Vater, verzweifeln Sie nicht: mein Himmlischer Bräutigam ist verrückt geworden. Aber ich bewahre in meinem Schrein den Kopf und die Arme, die den Donner streiften." (1929/30)

Seite 117 Pieter van der Heyden (nach Pieter Breughel): Die Versuchung des heiligen Antonius, 1556
Bibliothèque Royale Albert Ier, Brüssel

Seite 118 Arcimboldos: Der Bibliothekar

Seite 119 Der Kopf des Erfinders, Holzschnitt von Louis Poyet, Paris 1890 (Institut Catholique, Paris)

Seite 125 Méliès als Kunstkopf in dem Film „Der Mann mit dem Gummihaupt", 1902

Seite 128 Frederic Marsh alias Dr. Jekyll muß dem befremdlichen Haupt seines alter ego, Mr. Hyde, ins Auge sehen.

Seite 130, 131, 137 Musterseiten des „Most mysterious Manuscript" aus der englischen Renaissance.

Seite 136 Originalseite einer Bacon-Handschrift.

| BAND 3 | BAND 4 | IN VORBEREITUNG: BAND 5 |

BAND 3

Michael Kuper
**Roger Bacon –
Der Mann, der Bruder
Williams Lehrer war**

168 S., 32 Abb.,
ISBN 3-88468-059-5,
DM 24,-, öS 178, sFr 24,-

Dem an den Universitäten Paris und Oxford lehrenden Franziskanermönch und Vater der experimentellen Wissenschaft wurde spätestens im Buch "Im Namen der Rose" ein unsterbliches Denkmal gesetzt. Zu Lebzeiten verbrachte er Jahrzehnte in Klosterhaft, mit absolutem Schreib- und Lehrverbot belegt.

BAND 4

Gerhard Wehr
**Louis Claude
de Saint-Martin –
Der Unbekannte
Philosoph**

167 S., 16 Abb.,
ISBN 3-88468-062-5,
DM 24,-, öS 178, sFr 24,-

Auch wenn die Philosophiegeschichte von St. Martin (1743–1803) so gut wie keine Kenntnis nimmt, gilt der Vater des neueren Martinismus in der Esoterik als eine Schlüsselfigur. Als geistiger Schüler Jakob Böhmes führte er u. a. in ein neues Christusverständnis ein, das in vielen Hochgradsystemen Ausdruck gewann.

IN VORBEREITUNG: BAND 5

Michael Kuper
**Johannes Trithemius –
Der schwarze Abt**

168 S., ca. 30 Abb.,
ISBN 3-88468-065-X
DM 24,-, öS 178, sFr 24,-

Auf der Durchreise übernachtete der Student Johannes Zeller von Heidenberg alias Trithemius (1462-1516) 1482 im Kloster der Benediktiner zu Sponheim/Eifel. Schon 18 Monate später war er mit 21 Jahren zum Abt dieses Klosters gewählt. In seiner Rolle als Magieexperte geistlichen Standes geriet der ungeheuer belesene Abt immer stärker in den doppelten Bann der Schwarzen Kunst. „Der Druide von der Mosel" verfaßte u. a. die ersten Renaissanceabhandlungen über die Kunst der Geheimschriften und die Arten der Verschlüsselung.

KINDERKREUZZUG
ODER
DIE REISE NACH GENUA

EIN STRASSENROMAN
VON
MICHAEL KUPER

Zwei Schelme auf der Straße. Der Berliner Schriftsteller Robert Golz und sein Freund Tom folgen von Deutschland aus der Route des historischen Kinderkreuzzugs von 1212 nach Genua. Als teilnehmender Beobachter begleitet sie der Leser auf dieser Reise. Inhalt und Handlung drehen sich um:

AUTO-BLUES OF THE HAUSLEBEN BEFIND-ENERGIE-FERNSEHEN UND GENUA SPURENSUCHE JUGENDPILGER 1960 KREUZRITTER LITERATUR MASSENAUFBRÜCHE NORMAL-IST-WAS-EINEN-WEITERBRINGT O-TÖNE POLITIK UND PILGERSCHAFT QUERDENKEN REISELUST UND -FRUST SPIEL-VERSESSENE SCHELME TÄUSCHLAND DEN TÄUSCHERN UNDERGROUND VERKEHRTE WELT WIDERSTEHENKÖNNEN X FÜR U VORMACHEN YANKEES ZÜNDSTOFF ALLER ART WAHNSINN ROAD CAFÉ-DEUTSCHE LICHKEITEN SPRÜNGE FILM, MACHER HISTORISCHE ITALIA, BELLA JAHRGANG

AMEISEN PRESS

Am Kirchberg 5
49716 Meppen-Bokeloh

...versendet Bücher direkt
per Nachnahme oder Verrechnungsscheck
oder über den Buchhandel für 14.80 DM.